Alberto Damian

551 Madison Avenue New York

Questo libro è dedicato a Franca e Giovanni, e a tutta la mia famiglia. E a tutti coloro che, il 28 settembre 2017, sono passati sul marciapiede del 551 di Madison Avenue a New York, tra le 12:44 e le 12:59.

This book is dedicated to Franca and Giovanni, and to my entire family. And to all those who, on September 28, 2017, between 12:44 and 12:59 PM, walked on the sidewalk at 551 Madison Avenue in New York.

September 28, 2017 12 : 44 : 31

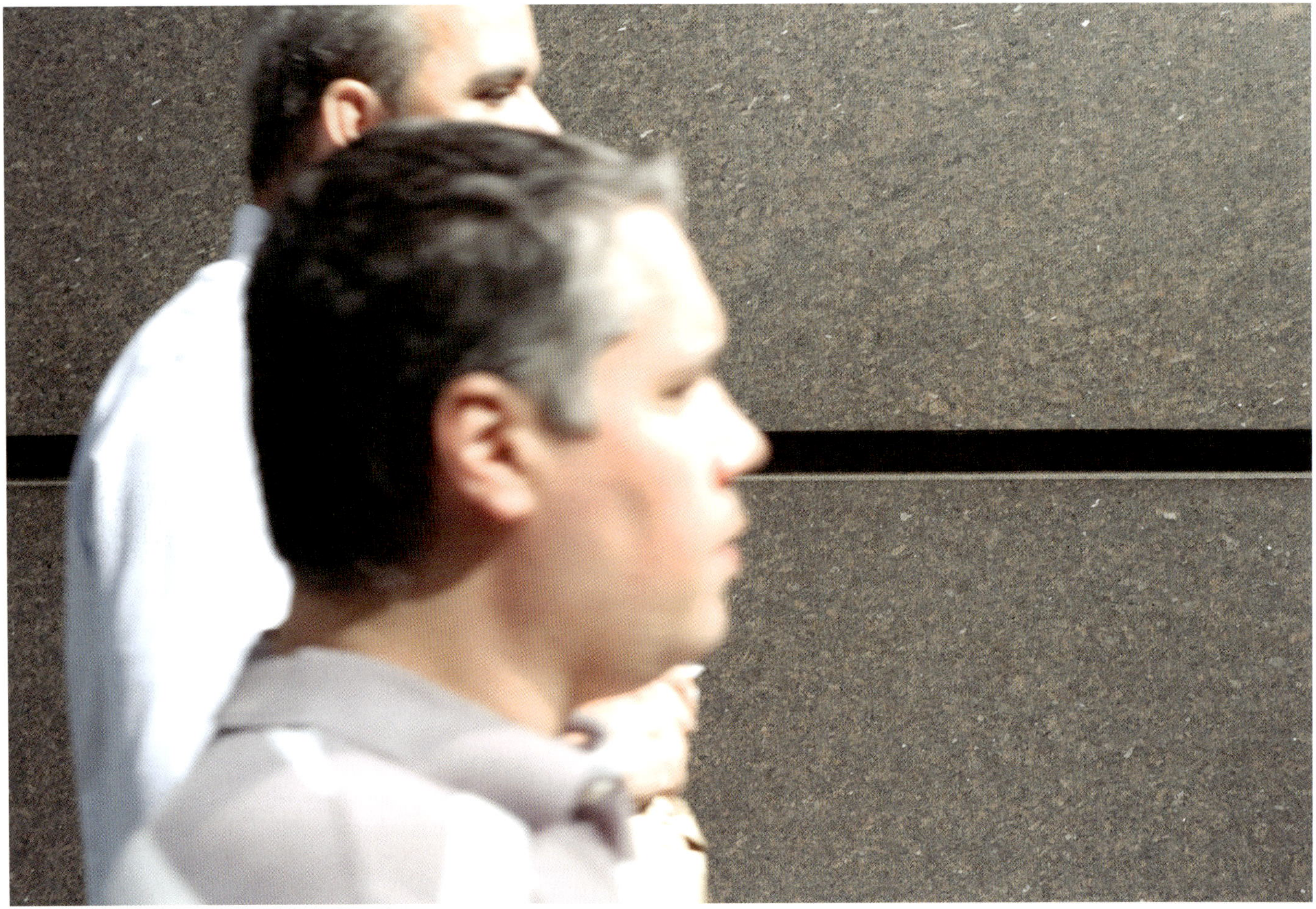

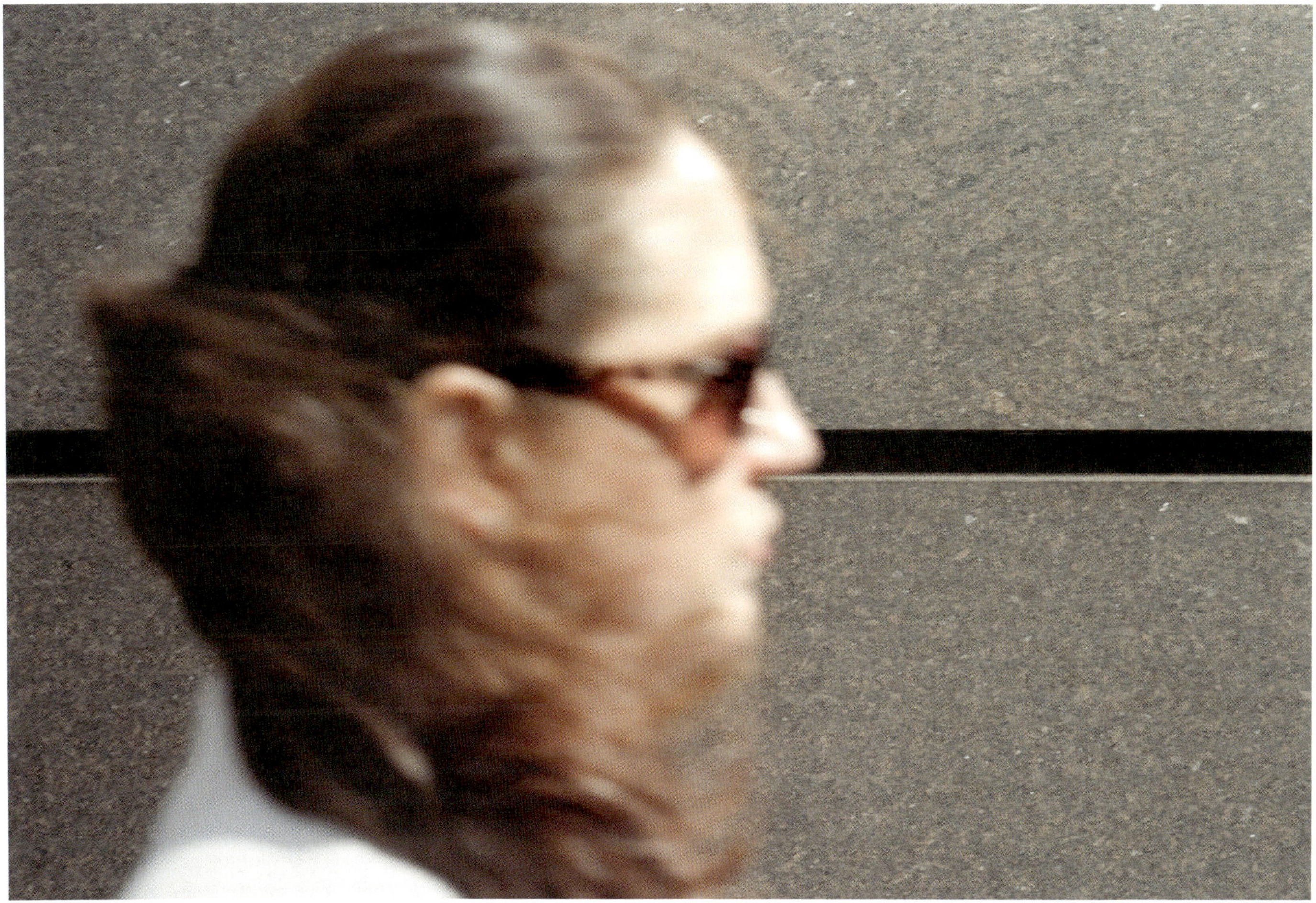

Le metamorfiche geometrie del caso

"Quando tutto quello che si chiama Arte
fu pieno di reumatismi,
il fotografo accese le mille candele della sua lampada,
e la carta sensibile assorbì a poco a poco il nero
ritagliato da qualche oggetto d'uso comune.
Aveva inventato la forza di un tenero fresco lampo
che superava in importanza tutte le costellazioni
destinate ai nostri piaceri visivi."

Tristan Tzara

Un medium di massa come la fotografia, entrato completamente a far parte delle arti plastiche, è stato ed è, come aveva intuito e teorizzato Walter Benjamin, uno dei maggiori agenti di de-costruzione dei miti della modernità, un medium e una forma mentale che, senza far sparire tali miti, ha cambiato i rapporti ad essi connessi. Reiterazione, quotidianità, invenzione, anonimato, costruzioni, determinano gran parte dell'eclettismo del contemporaneo, di cui l'immagine fotografica, in tutte le sue forme, è un dato imprescindibile; dal suo essere documento e parte del lavoro performativo, al suo divenire opera vera e propria.

E la fotografia, negli ultimi anni, è divenuta una delle 'tecniche' di costruzione della fluidità della soggettività contro la gabbia delle identità. Menti e corpi in transito, verso una geometria di identità fluide e cangianti.

Questo libro, anzi questo diario, racchiude un'immagine colta in una porzione di estraneità, la ripresa di persone in cammino, corpi e volti inattivi e sconnessi, scivolati lungo una strada, sussurrando silenzi propri dell'andare, della relazione tra il corpo che si muove e il ruolo di cui la strada è investita; sia esso simbolico o simulato. Una soglia o per meglio dire una sorta di interzona attraverso la quale il corpo è protagonista del caso come motore invisibile degli intrecci delle nostre vite e del potere evocativo dell'immagine, capace di fare scattare le istantanee dell'immaginazione.

Alberto Damian, attraverso il suo obiettivo fotografico, sembra voler scoprire una coordinata esatta come punto di osservazione, scegliendo di lasciarsi andare ignorando il grado di latitudine nord o quello di longitudine ovest nei quali è intrappolato. Il 'suo' guardare, in questa avventura, è un guardare volti e genti e persone che non guardano, guarda e riprende persone che passano, da un unico luogo, un'unica frazione di tempo, e guarda senza essere guardato. Vede senza essere visto. Quello che propone, dunque, è una sorta di 'furto': riprende l'esposizione indifesa e senza possibilità di posa di chi passa.

Se è vero, come dice Paul Auster, che le cose più preziose sono più leggere dell'aria, è altrettanto vero che dobbiamo prenderci il tempo per imparare a guardare. Le istantanee

di singoli momenti sommati insieme possono non solo raccontare una vita ma essere memoria indelebile.
Un flusso, l'attesa che accada qualcosa, non importa dove o con chi; scegliere una collocazione che abbia il nome o il numero di una strada, un indirizzo, un quartiere, una città, che sia individuabile in qualsiasi mappa stradale o ricevere un segno piuttosto che un'assegnazione di posizione, e stazionare lì senza nemmeno una nebbiosa idea del dove si stia per rilasciare/rilassare il proprio peso, potrebbe bastare la certezza di appartenere ad una delle cinque parti del mondo consci dell'espansione dei sogni in un'altra dimensione.

La *storia* che racconta Alberto Damian prende la forma di immagini che sembrano provenire da un sogno; si è sempre innocenti quando si sogna e questo non è che il gioco del reale. E' dal guardare che si irradia l'enigma del senso, che si innesca il racconto come tentativo di fissare la propria esistenza nel tempo, che può assumere la forma di foto 'rubate' o di un racconto. La fotografia ha trasformato la memoria in spettacolo, ogni immagine è un evento inatteso e perturbante, momento vissuto che diviene racconto visivo.
Protagonista l'occhio: se non ci si prende il tempo per vedere, non si imparerà mai a guardare niente.

Riprese del tempo che passa e dell'aleatorietà dell'esistenza umana, da cui affiora un senso di smagata malinconia, di leggerezza e impotenza, di evocazione letteraria.

Uno sguardo, quello di Damian, che riesce a trovare una sostanza misteriosa anche nelle persone in apparenza più ordinarie o nei paesaggi visti e rivisti. Ed è una relazione intima quella tra il corpo e la luce. Un corpo come pura energia, come emergenza contemporanea, e la luce come supporto immateriale, come anatomia luminosa. Nelle sue foto, velocità, simultaneità, dissolvimento di un'identità che nasce dal gioco seducente e crudele del momento rubato e mostrato dell'intimità di un viso, in una città che si configura come una serie di dati matematici.

C'è chi sa guardare oltre l'apparenza e chi è irreparabilmente confinato nel recinto delle proprie rassicuranti convinzioni. Alberto Damian ha scelto di cogliere un piccolo momento in una strada, ha scelto una collezione casuale di visi e di persone, uno sforzo di immaginazione in cui la fotografia non solo è un modo per osservare il tempo in cui si vive, ma anche il mezzo attraverso cui combattere i pregiudizi: la bellezza del mondo risiede nelle diverse forze che tutti i giorni si incontrano.

Francesca Alfano Miglietti (FAM)
Milano, luglio 2020

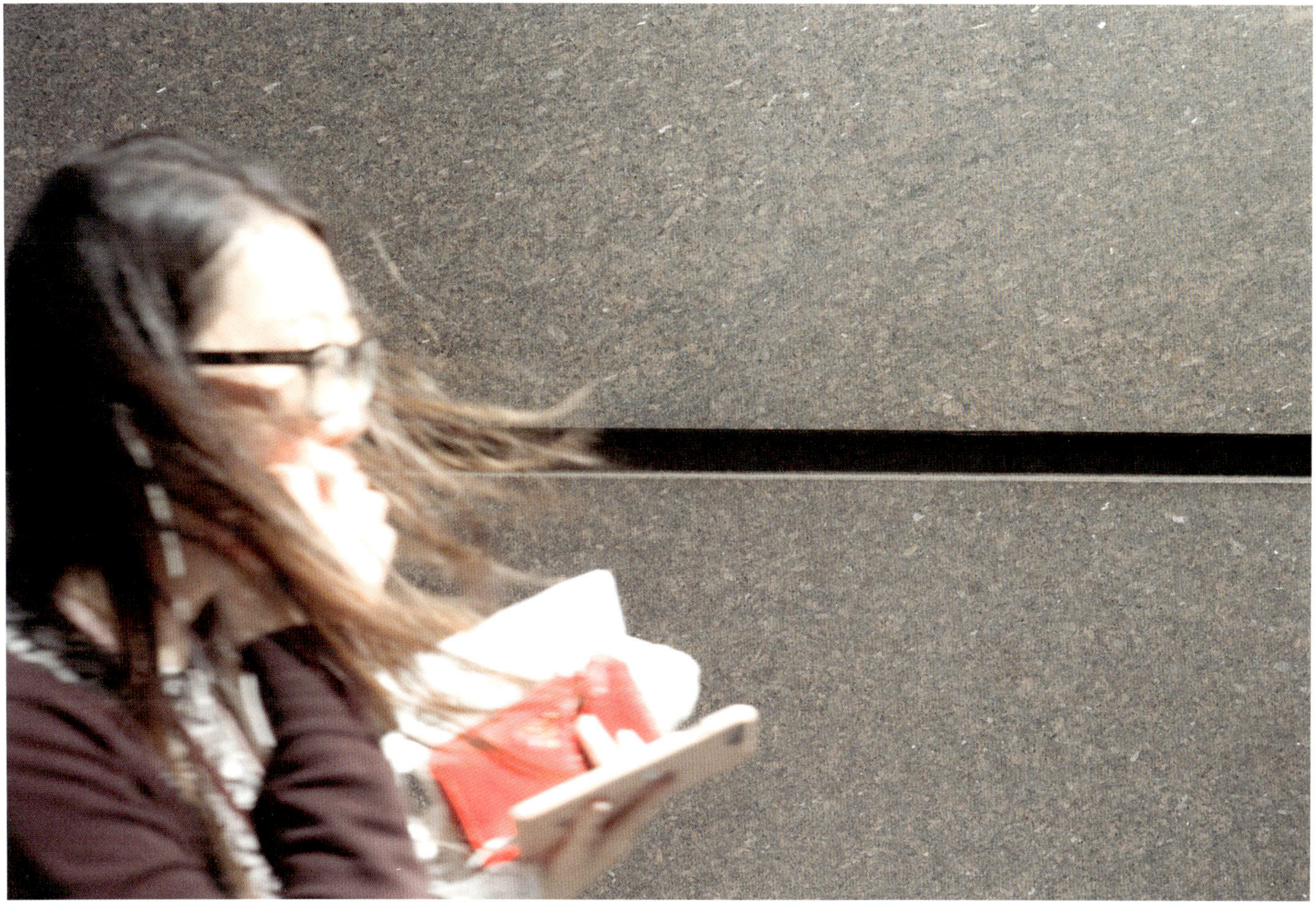

The metamorphic geometries of chance

"When everything referred to as Art
was full of rheumatisms,
the photographer lit the thousand candles of his lamp,
and the sensitive paper absorbed little by little the black
cut out from some common object.
He had invented the strength of a tender, fresh flash
that outweighed in importance all the constellations
destined for our visual pleasures."

Tristan Tzara

A mass medium like photography, now completely part of the plastic arts, has been and continues to be - as Walter Benjamin intuited and theorized - one of the major agents of de-construction of the myths of modernity; a medium and a mental form that, without making these myths disappear, has changed the relationships connected to them. Reiteration, everyday life, invention, anonymity, construction, together determine the greatest part of the eclecticism of the contemporary, of which the photographic image, in all its forms, is an essential given: from its being a document and a part of the performative work, to itself becoming a true and real work of art.

And photography, in recent years, has become one of the construction 'techniques' to create the fluidity of subjectivity against the cage of identities. Minds and bodies in transit, towards a geometry of fluid and changing identities.

This book, or rather this diary, encases an image captured in a portion of unrelatedness, shots of people walking, inactive and disconnected bodies and faces, slipping along a road, whispering silences belonging to the act of going, to the relationship between the moving body and the proper role of the street, be it symbolic or simulated. A threshold or rather a sort of interzone through which the body is the protagonist of chance, as an invisible engine of the intertwining of our lives and of the evocative power of the image, capable of triggering snapshots of the imagination.

Alberto Damian, through his photographic lens, seems to want to discover an exact coordinate as observation point, choosing to let himself go, ignoring the degrees of north latitude or west longitude in which he is trapped. 'His' look, in this adventure, is a look at faces and people and persons who don't look; he looks and shoots people who pass by, from a single place, a single fraction of time, and looks without being looked at. He sees without being seen. What he proposes, therefore, is a sort of 'theft': he depicts the exposure - without defense and without the possibility of posing - of those who pass by.

If it is true, as Paul Auster says, that the most precious things are lighter than air, it is equally true that we must take the time to learn to look. The snapshots of single moments

combined together can not only tell about a life but be an indelible memory.
A flow, waiting for something to happen, no matter where or with whom; choosing a location that has the name or the number of a street, an address, a neighborhood, a city, which can be found on any street map or receiving a sign rather than being assigned a position, and parking there without even the foggiest idea of where one is about to release/to relax their own weight, it could be enough to be certain of belonging to one of the five parts of the world and to be aware of the expansion of dreams into another dimension.

The *story* Alberto Damian tells takes the form of images that seem to come from a dream; we're always innocent when we dream, and this is nothing but reality's game. It is from watching that the enigma of meaning radiates, that the tale starts, as an attempt to secure our existence over time, which can take the form of 'stolen' photos or of a story.
Photography has transformed memory into show, each image an unexpected and perturbing event, a lived moment that becomes a visual narrative.
The eye is the protagonist: if one doesn't take the time to see, one will never learn to look at anything.

Shots of time passing and of the uncertainty of human existence, from which a sense of melancholy abstract from reality, of lightness and impotence, and of literary evocation all emerge.

Damian's view is one that manages to find a mysterious substance even in apparently more ordinary people or in the landscapes seen and seen again. It is an intimate relationship, that between body and light. A body as pure energy, as contemporary emergence, and light as immaterial support, a bright anatomy. In his photos, speed, simultaneity, the dissolution of an identity that arises from the seductive and cruel game of the stolen and shown moment of the intimacy of a face, in a city that is configured as a series of mathematical data.

There are those who know how to look beyond appearances and those who are irreparably confined to the enclosure of their own reassuring convictions. Alberto Damian has chosen to capture a fleeting moment in a street, a casual collection of faces and people, an effort of the imagination in which photography is not only a way to observe the time in which one lives, but also the medium through which to fight prejudice: the beauty of the world lies in the different forces that meet every day.

Francesca Alfano Miglietti (FAM)
Milan, July 2020

12 : 45 : 09

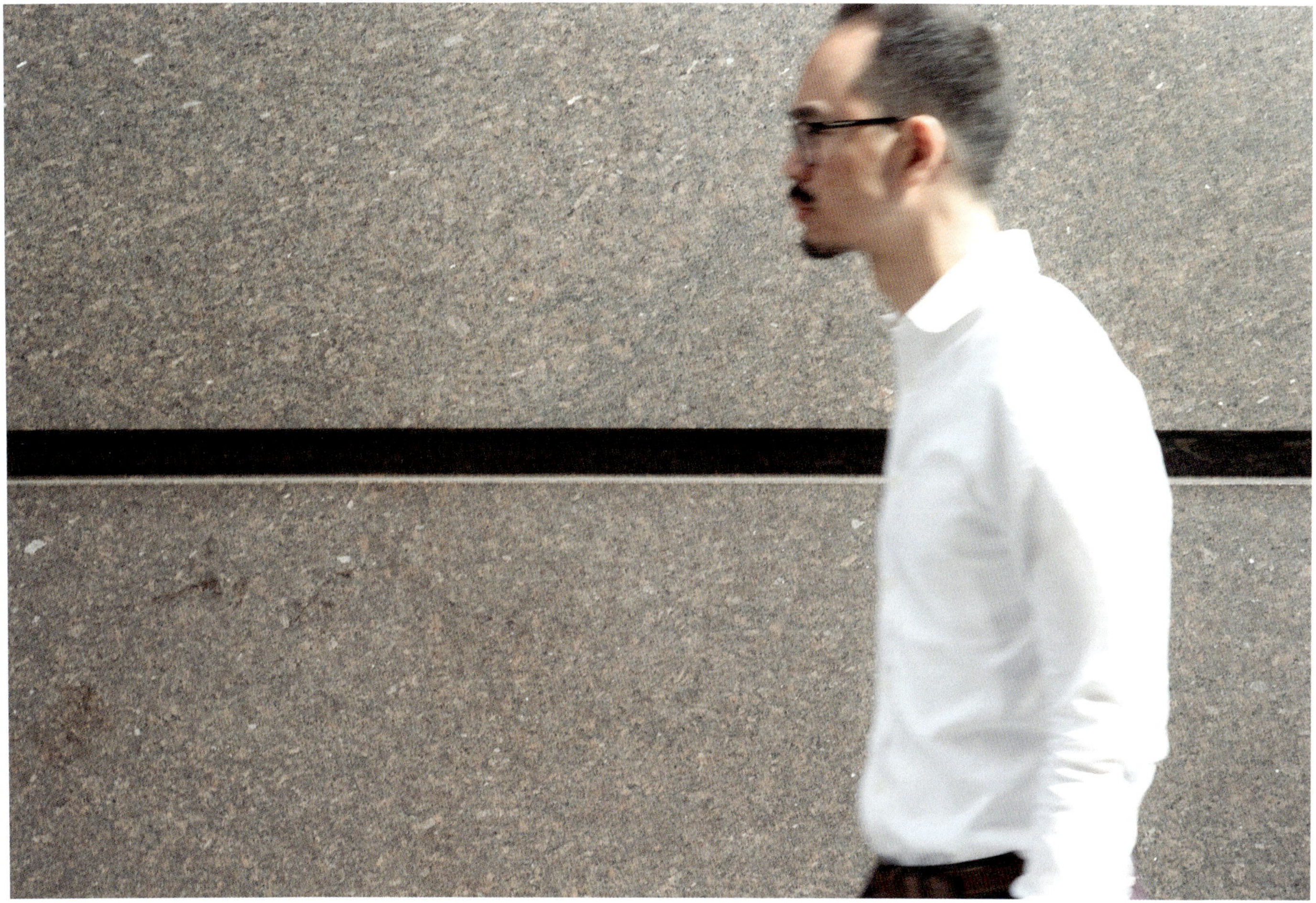

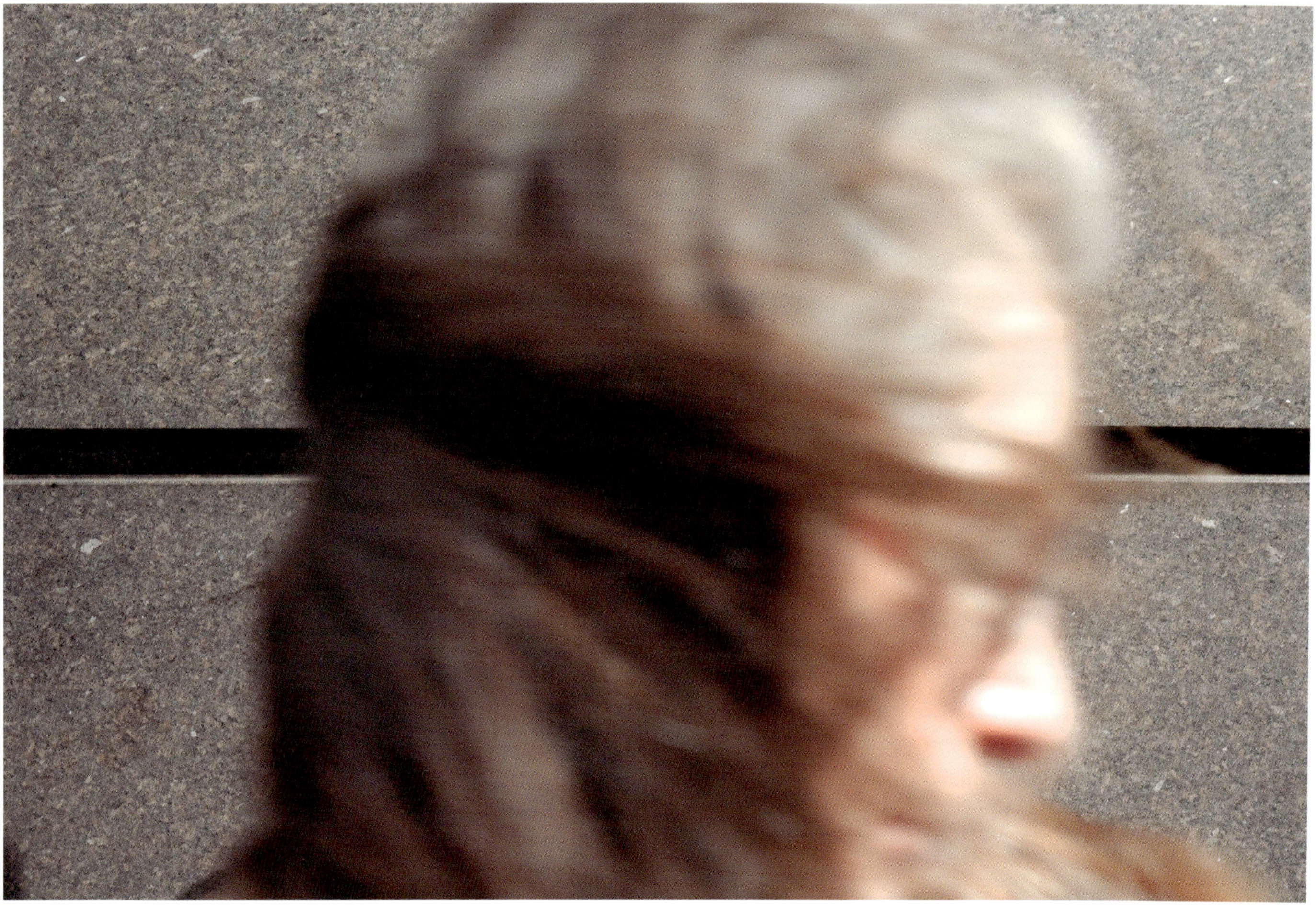

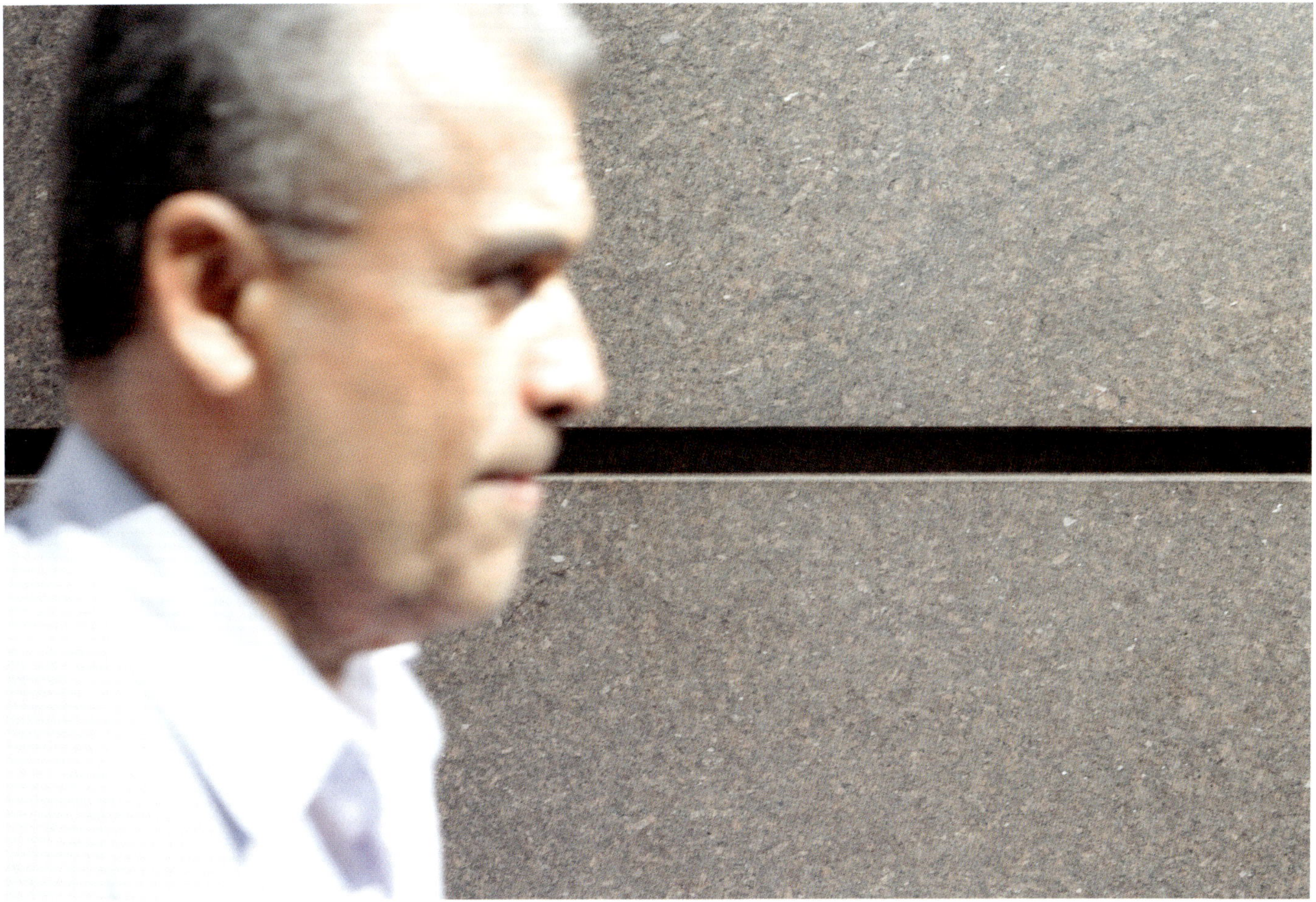

12 : 45 : 26

12 : 45 : 32

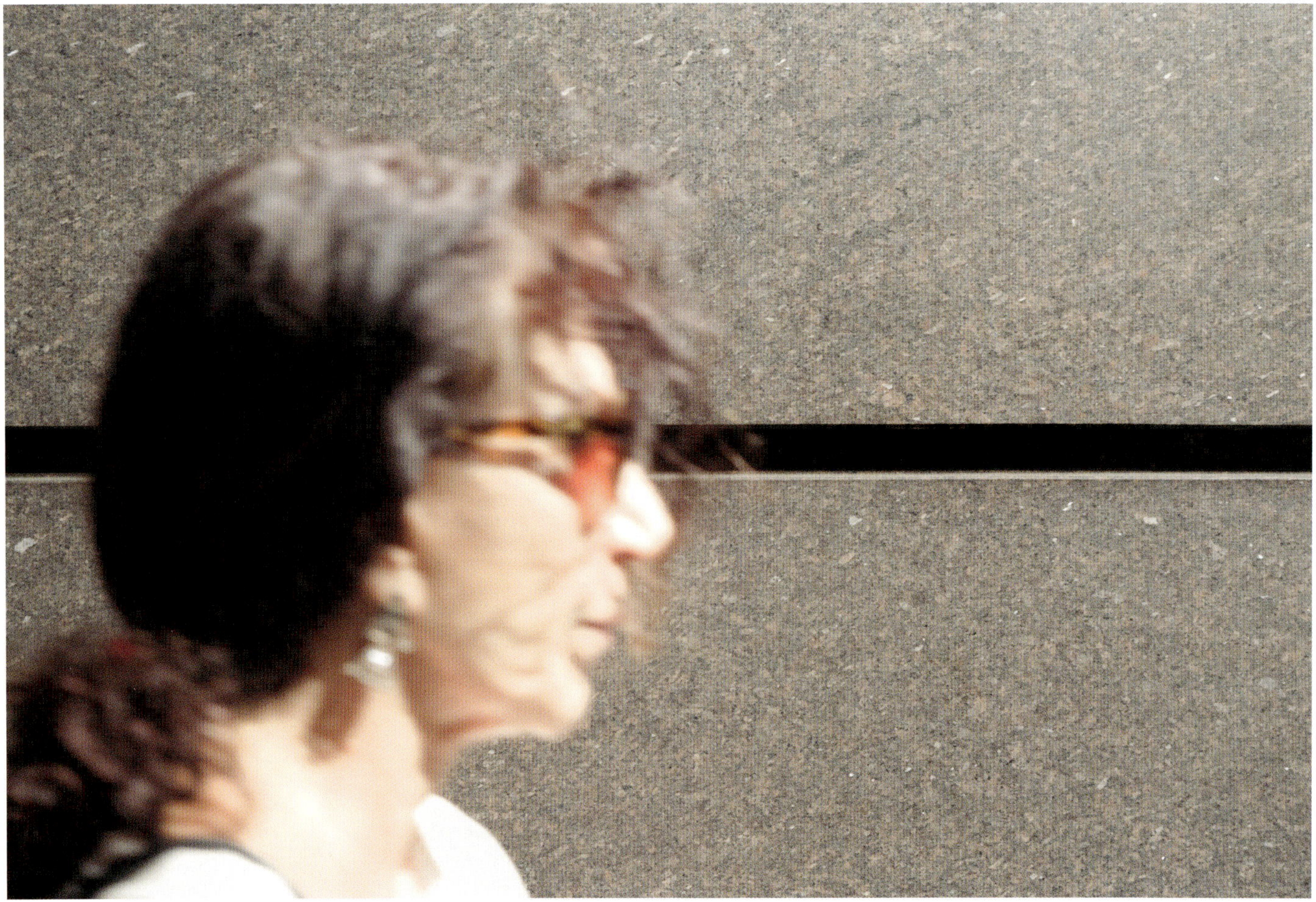

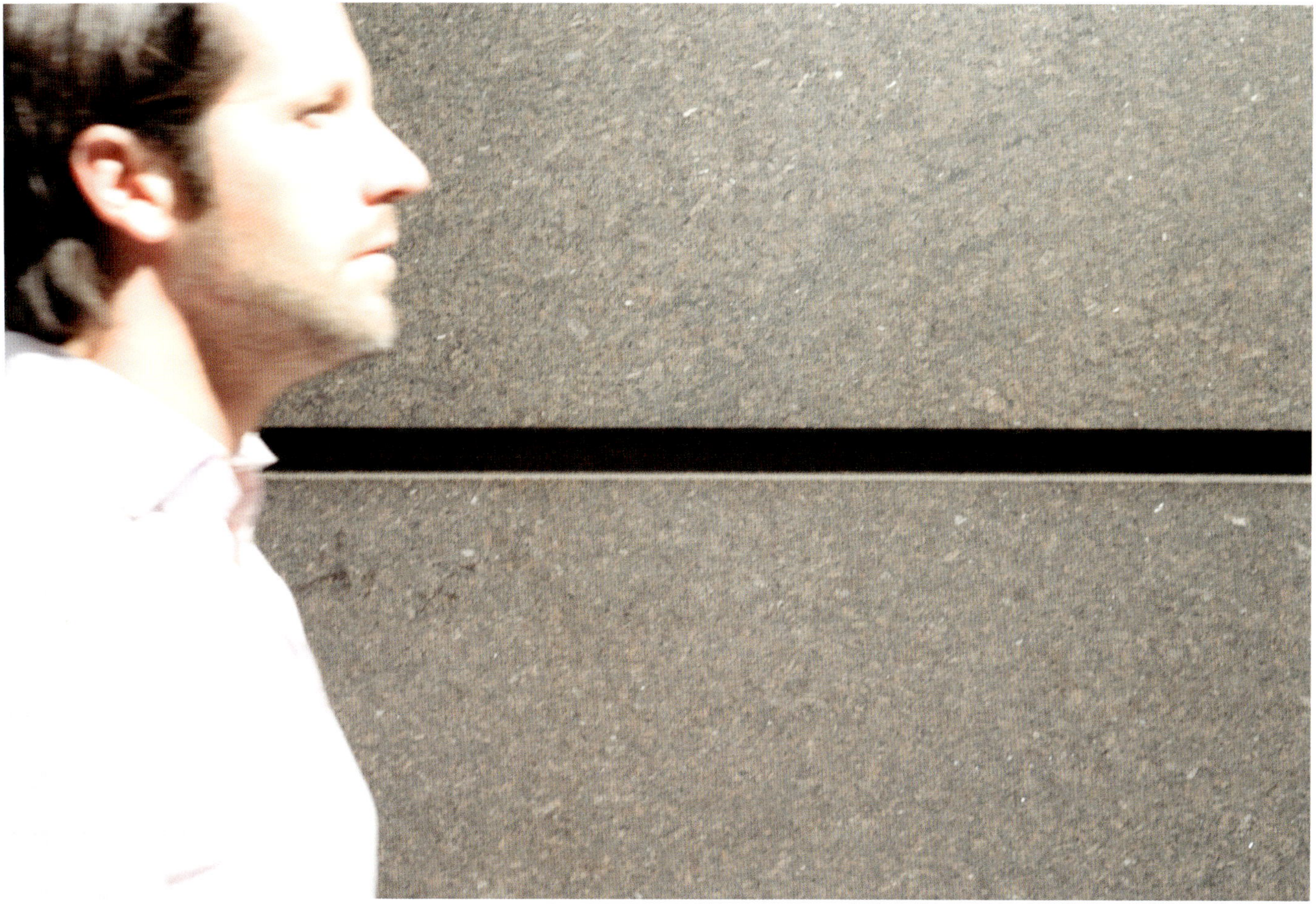

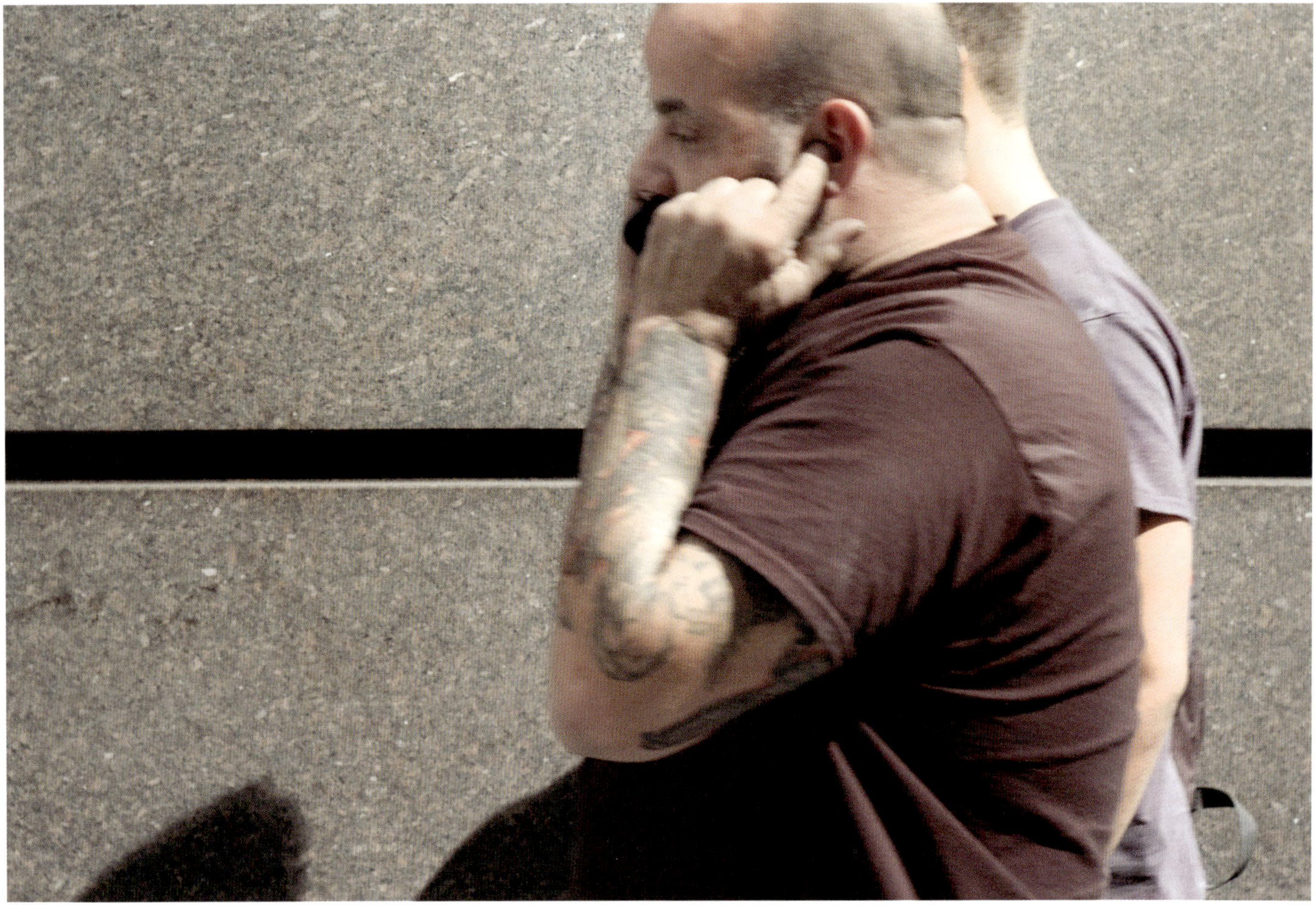

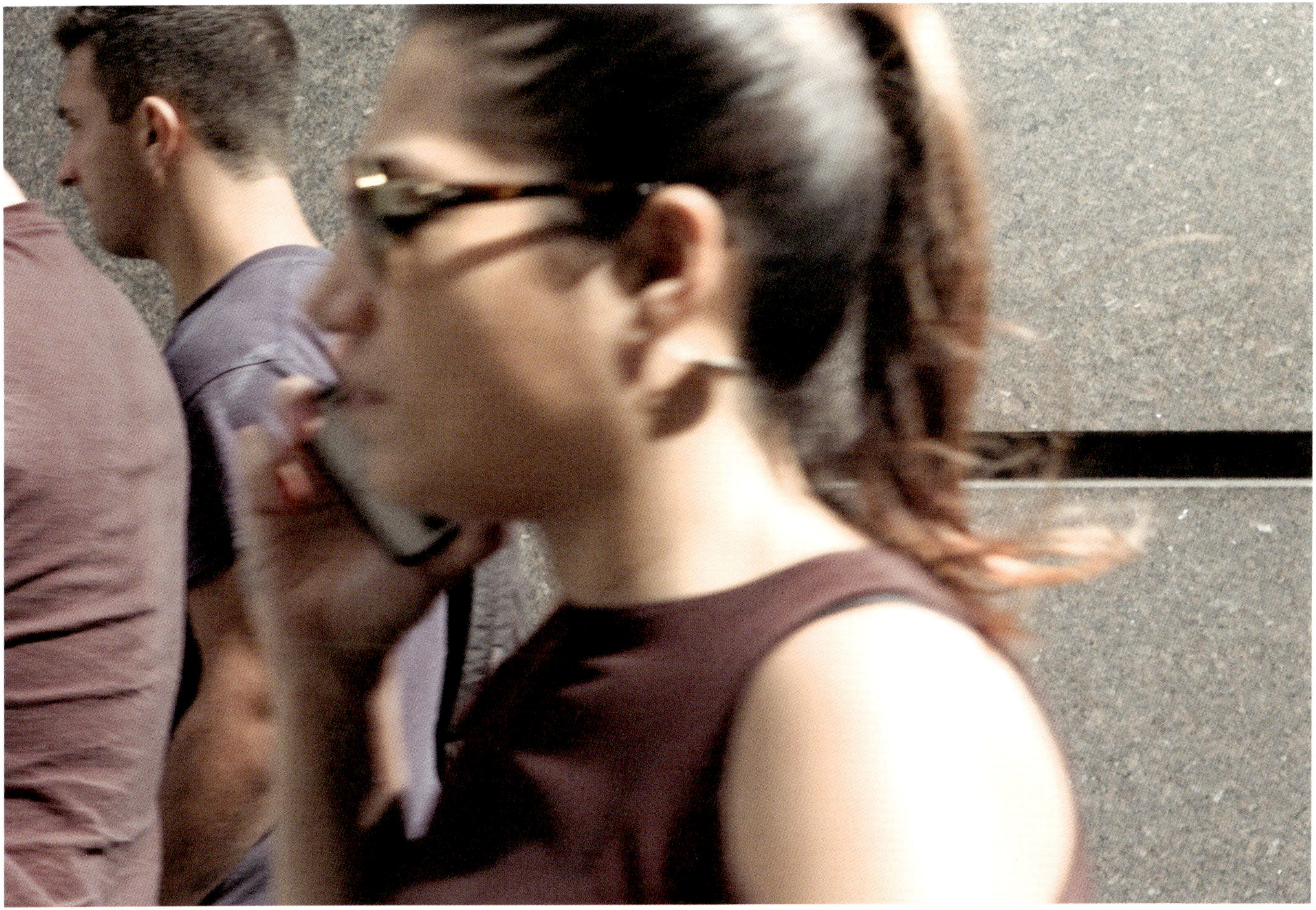

12 : 45 : 55

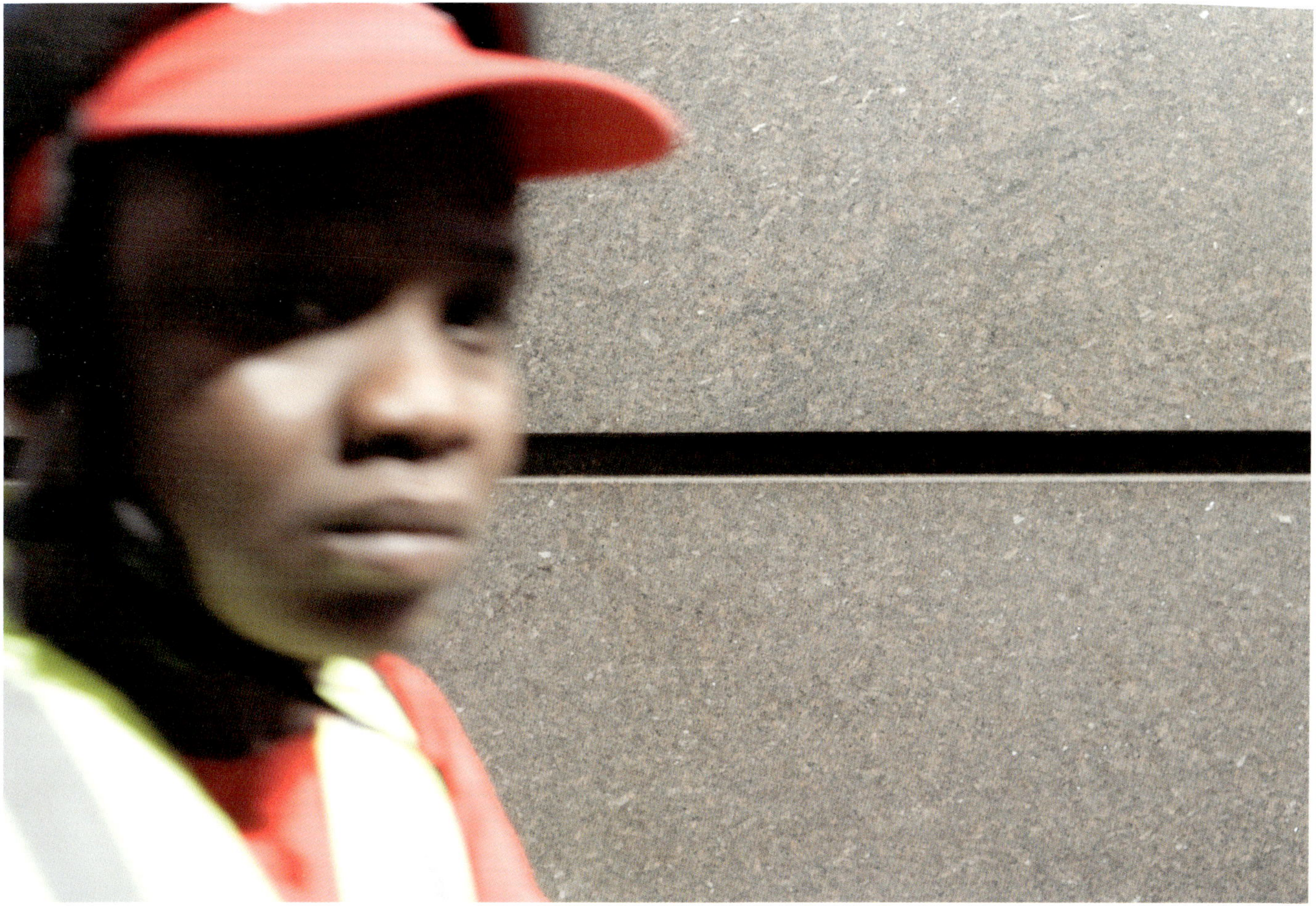

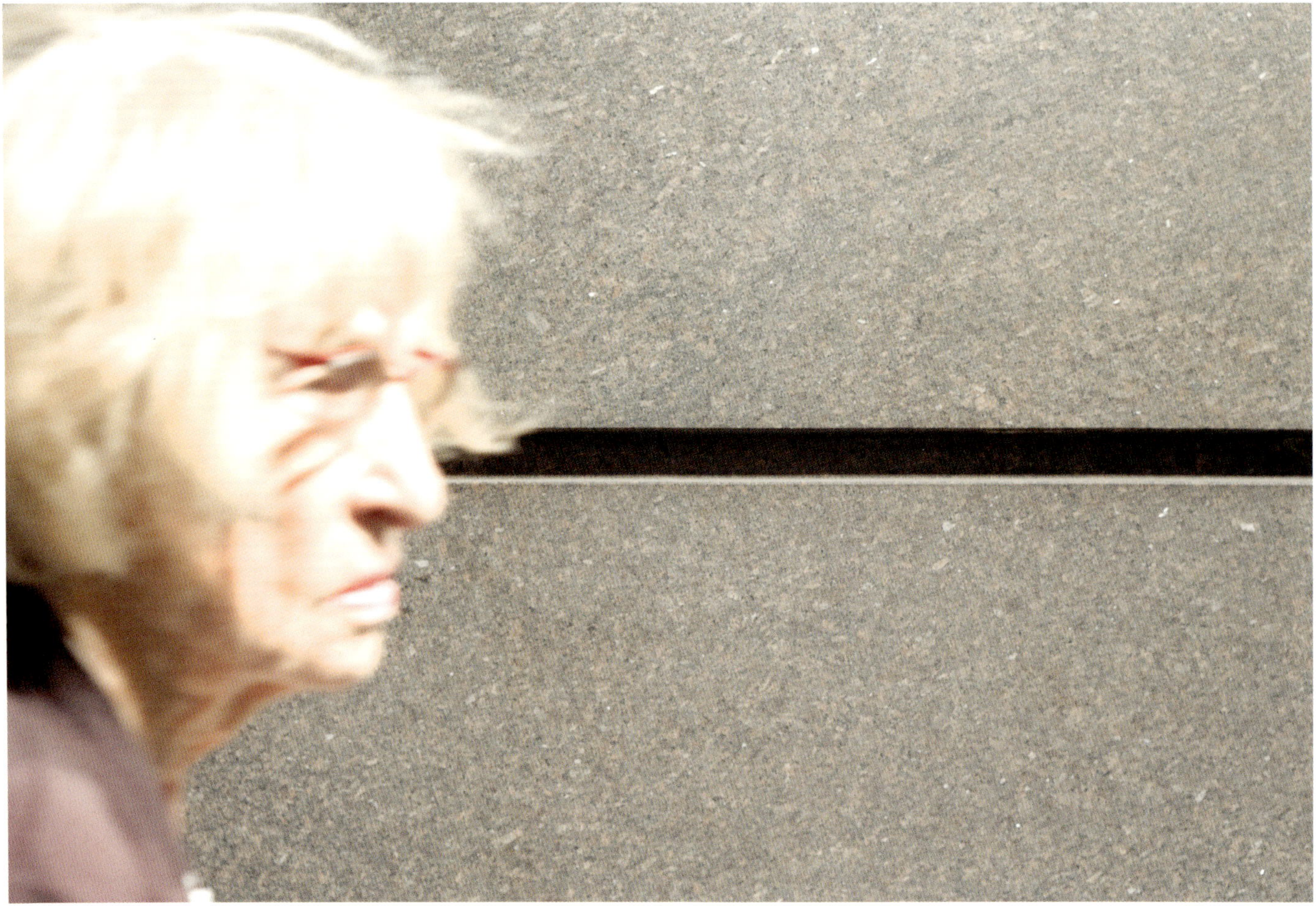

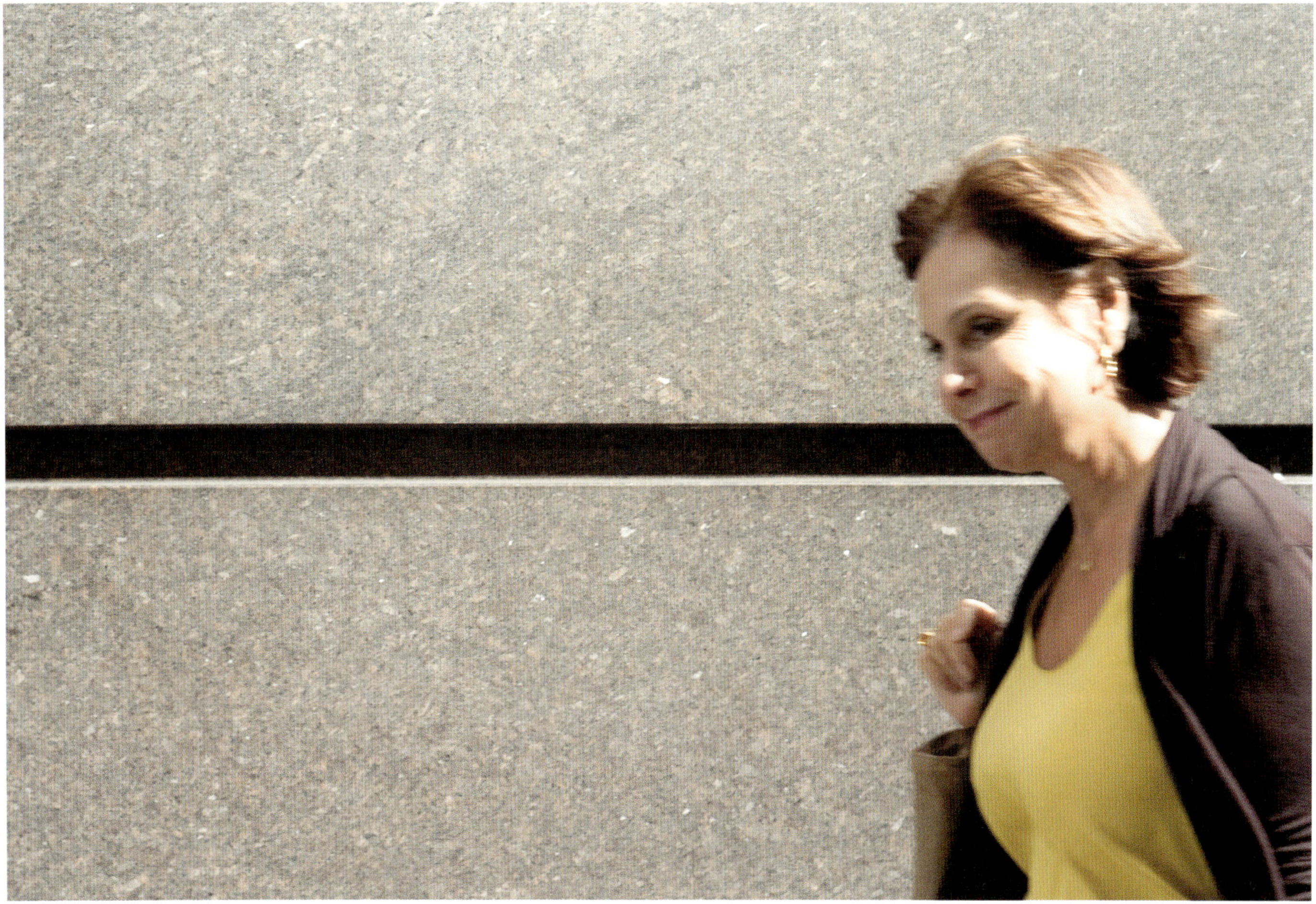

12 : 46 : 43

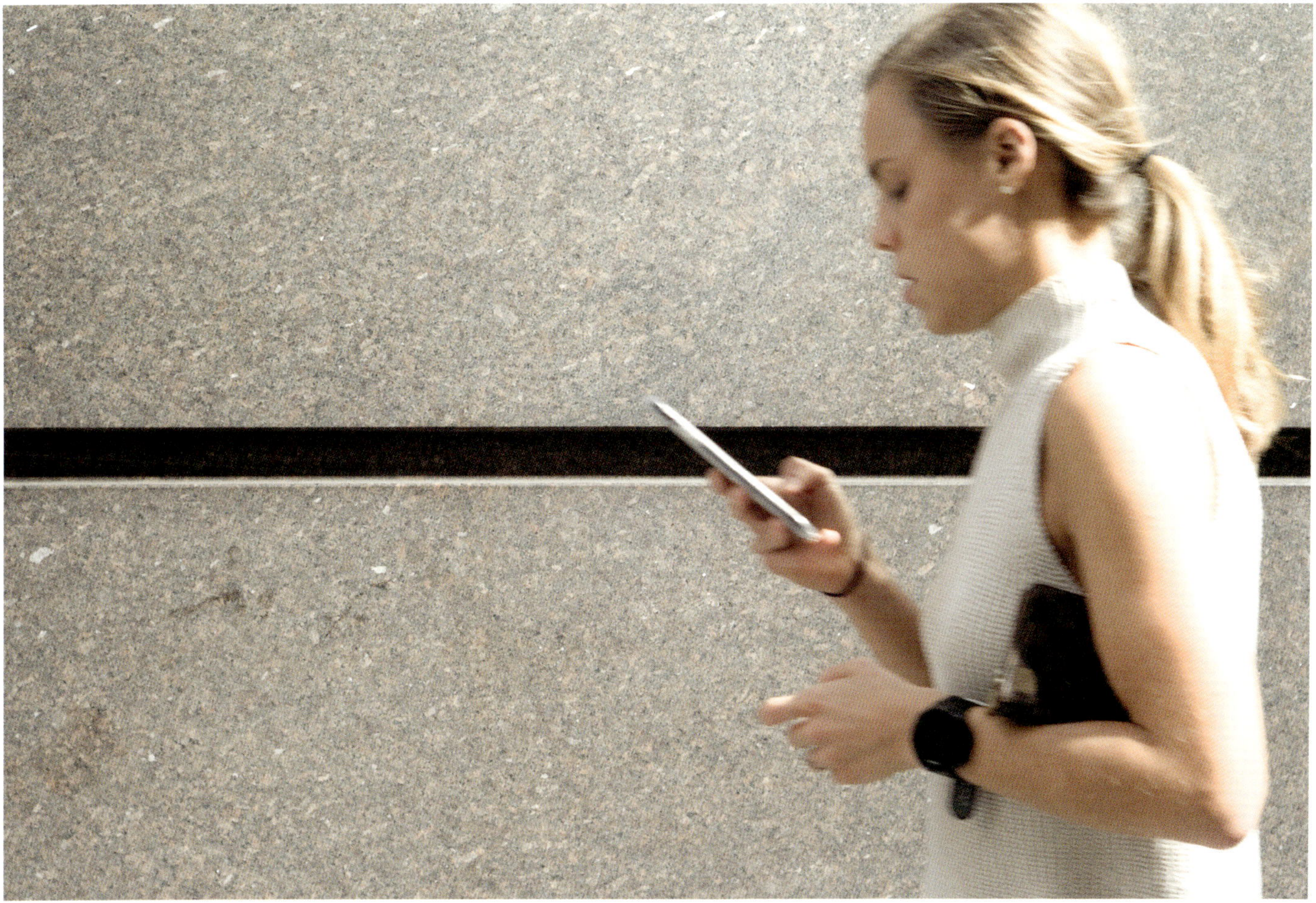

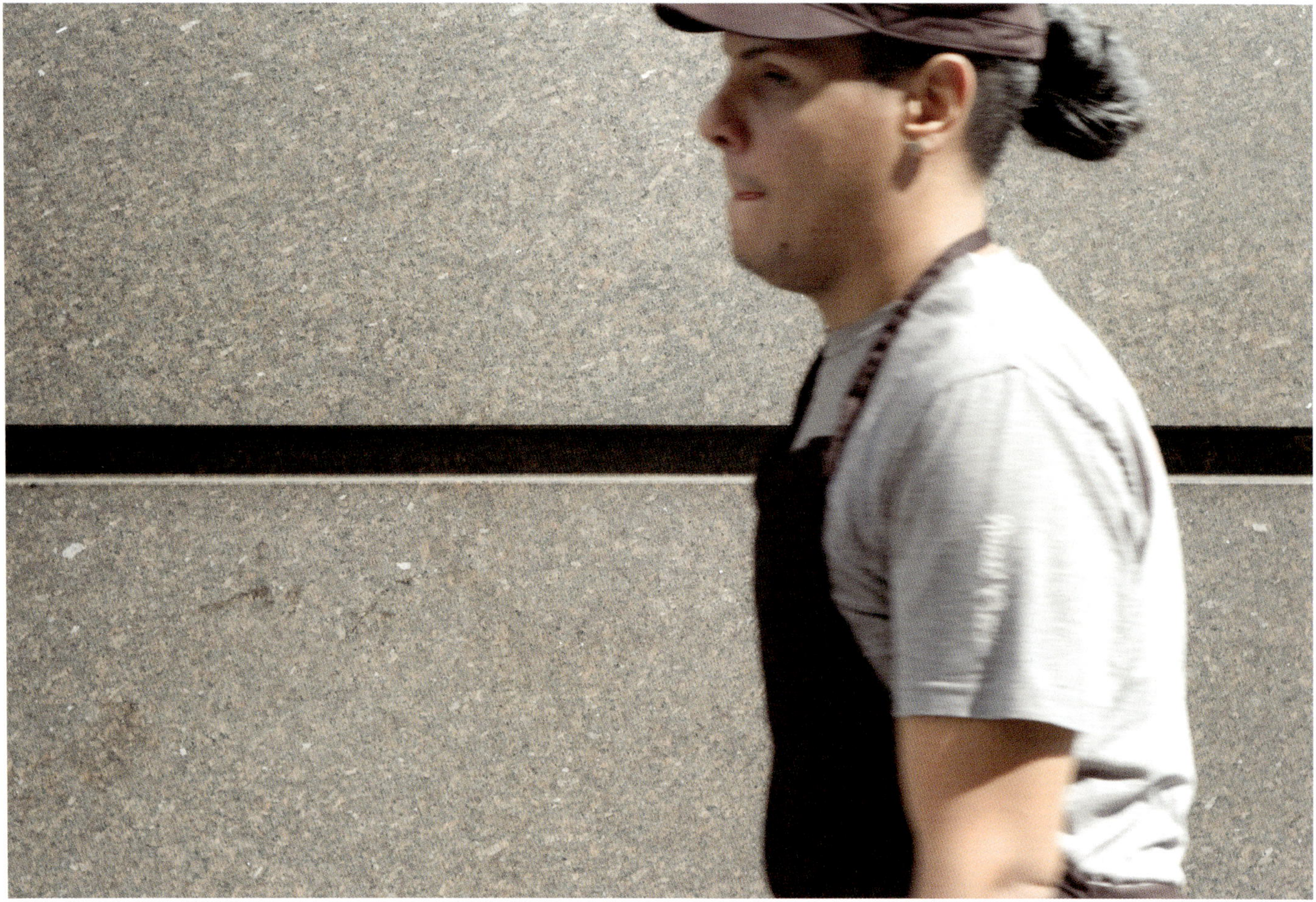

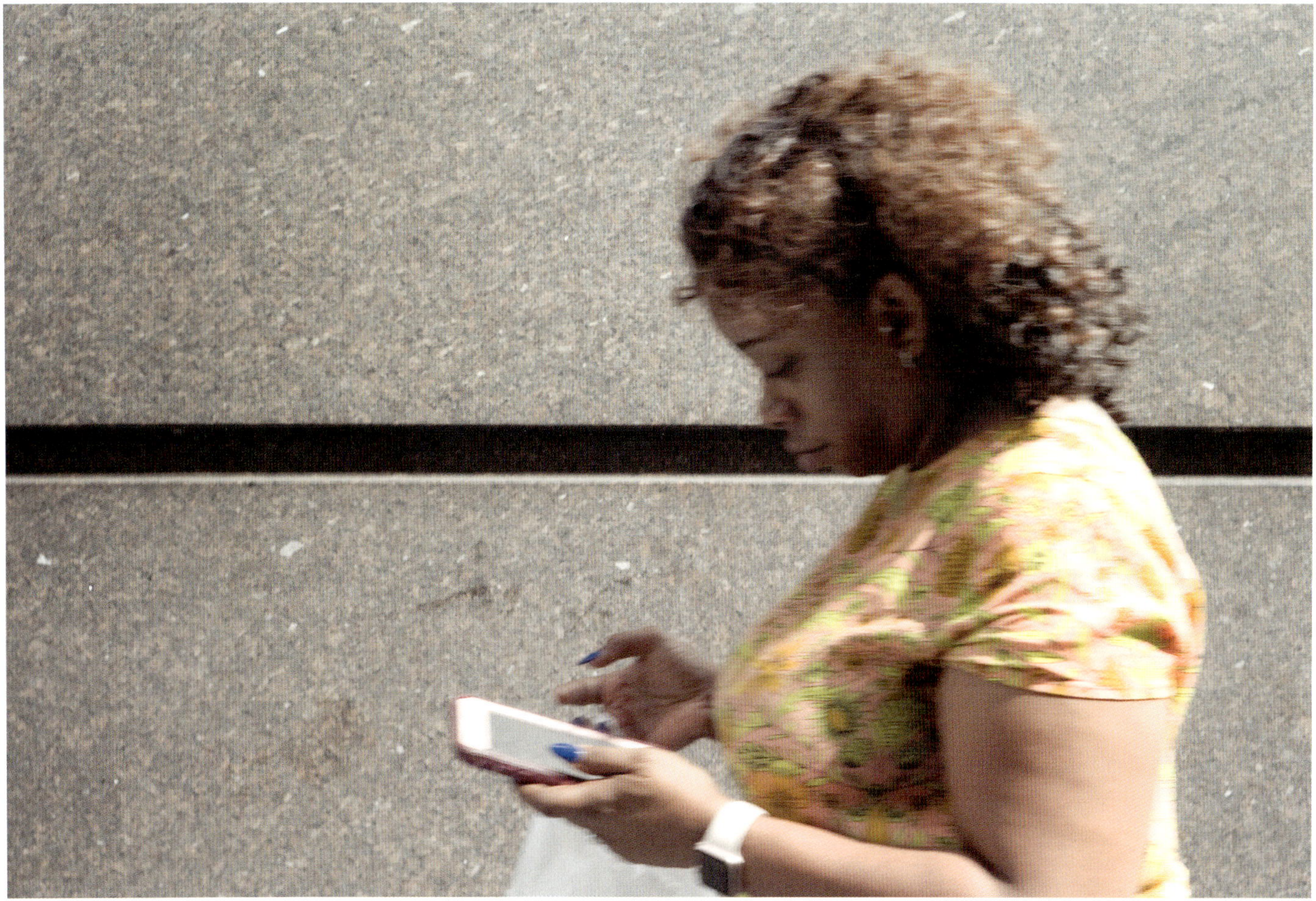

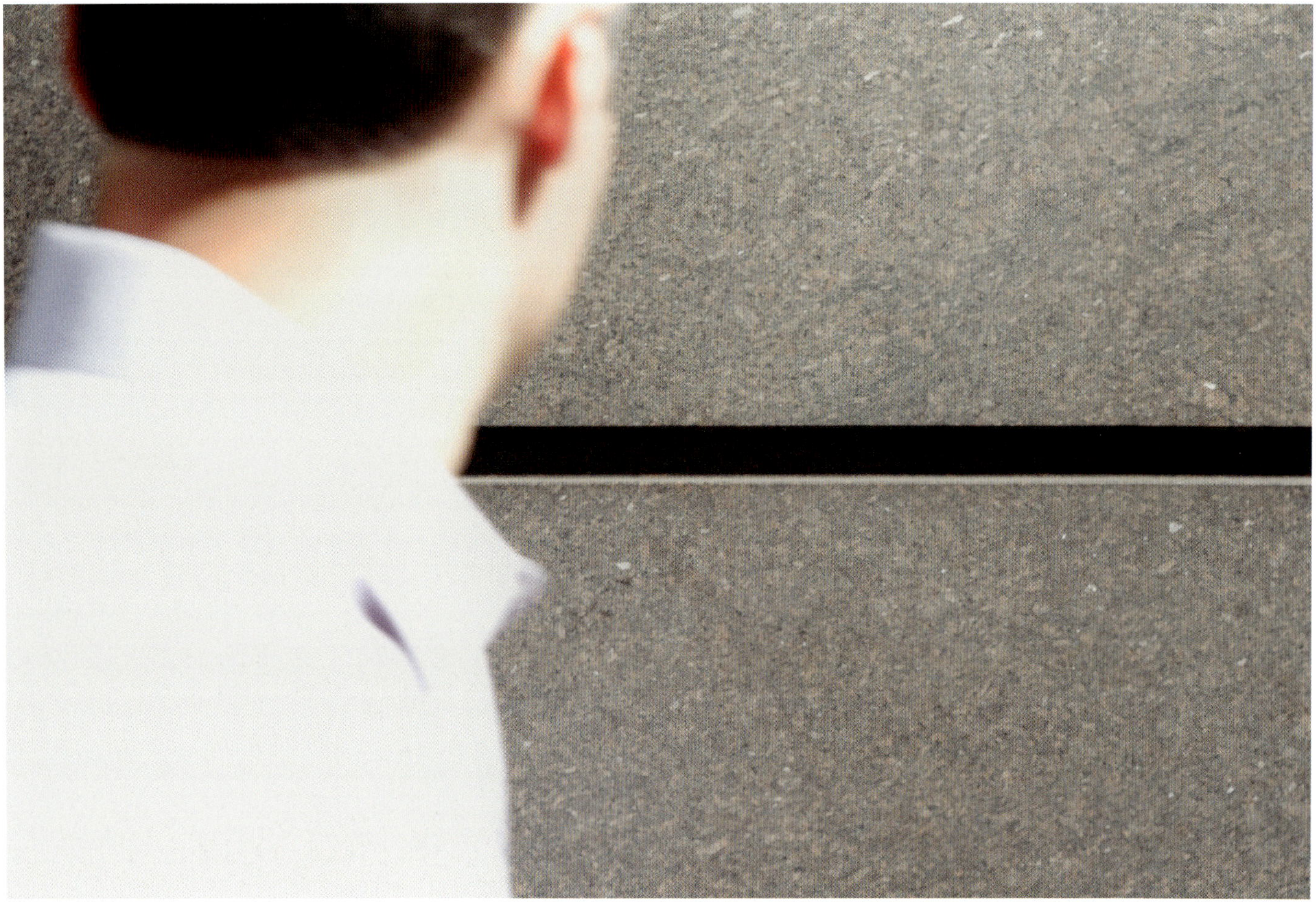

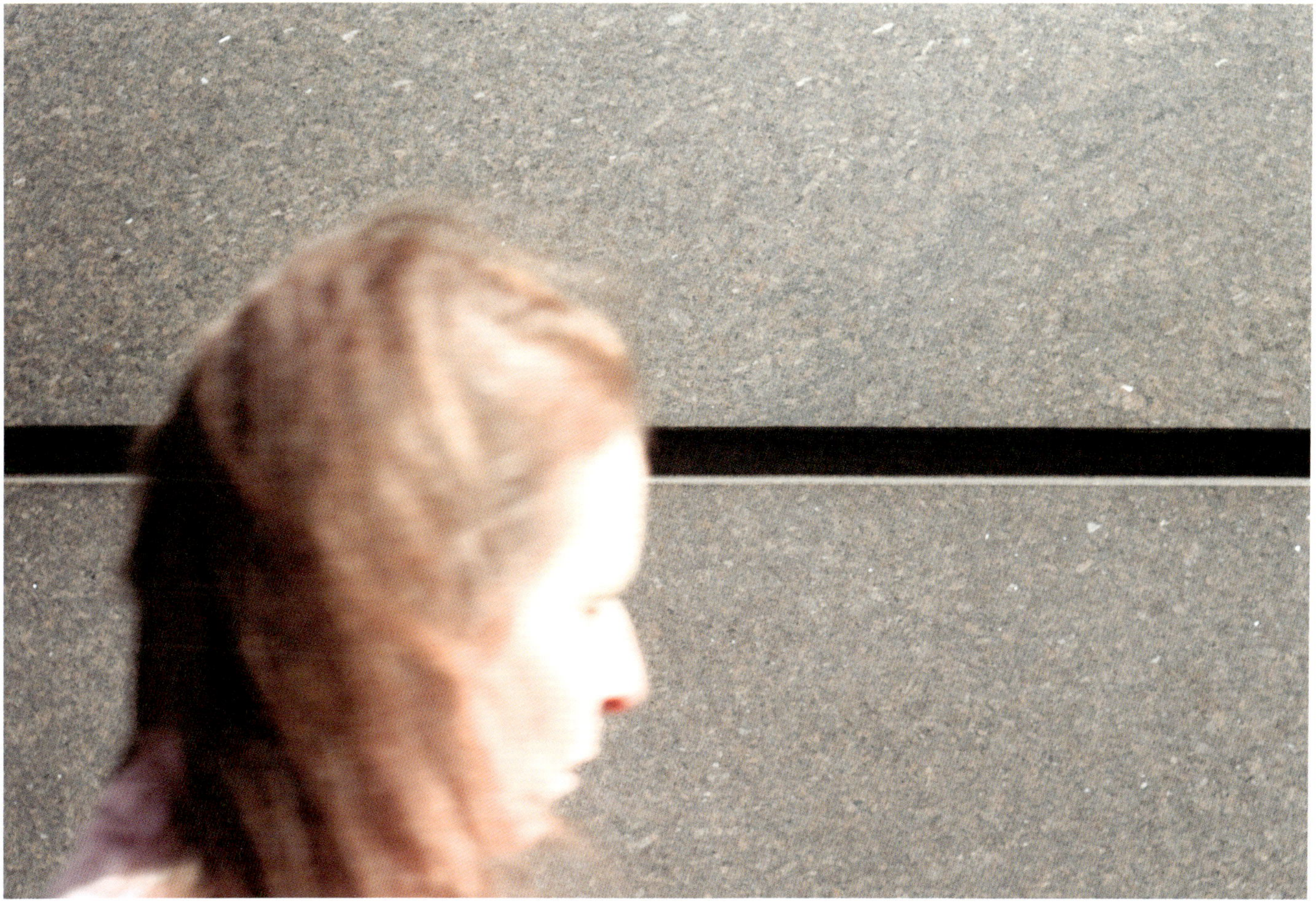

12 : 47 : 33

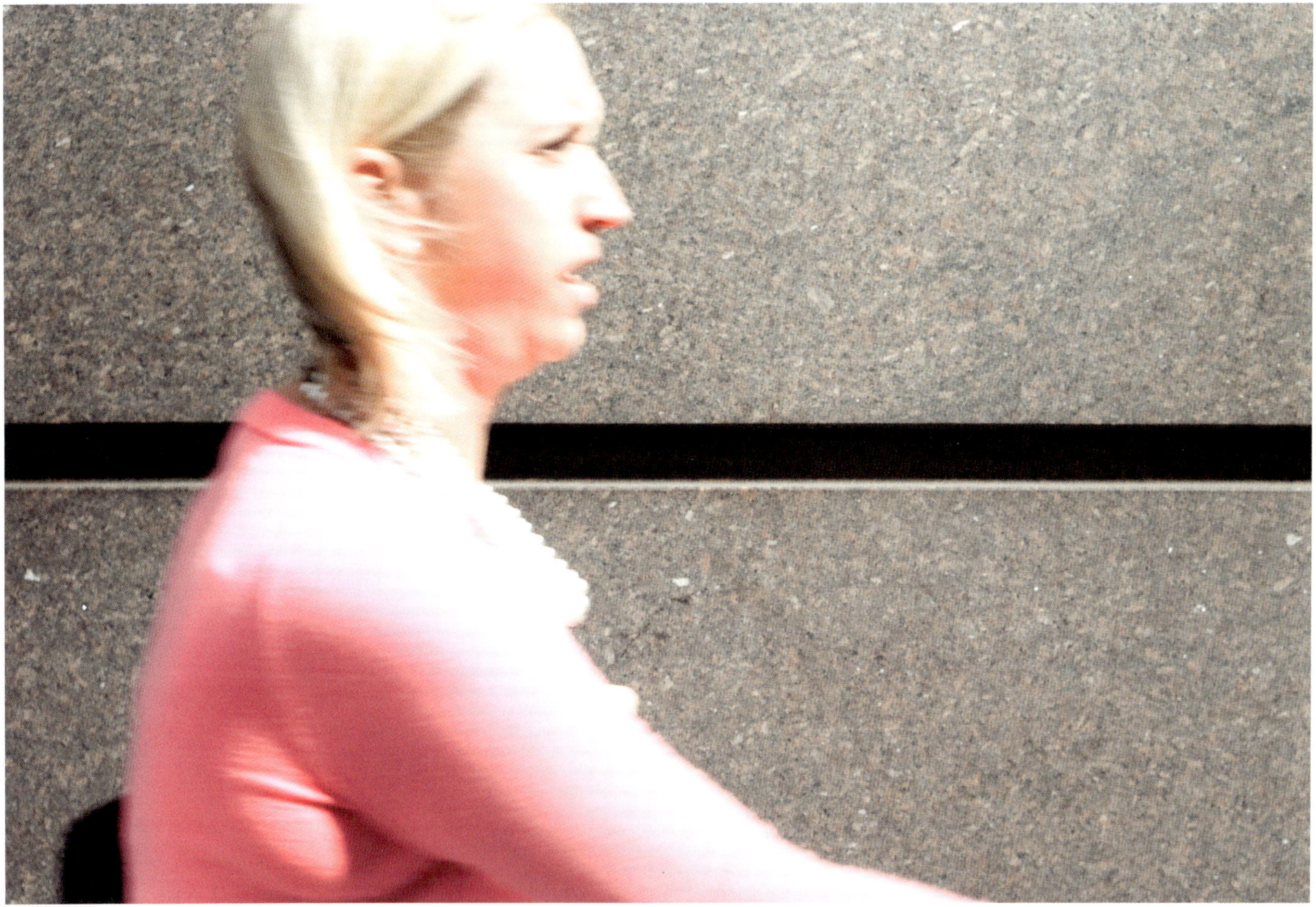

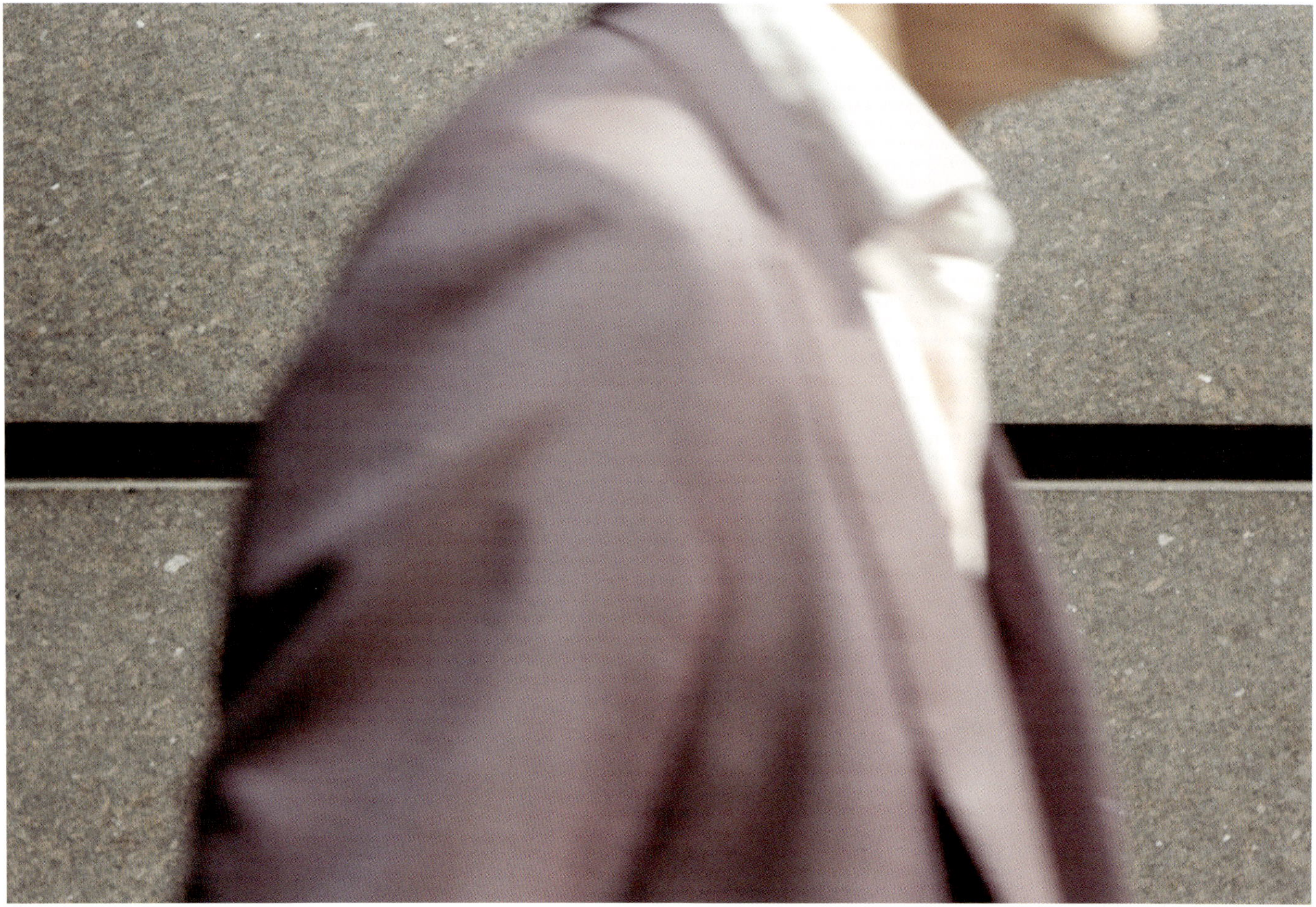

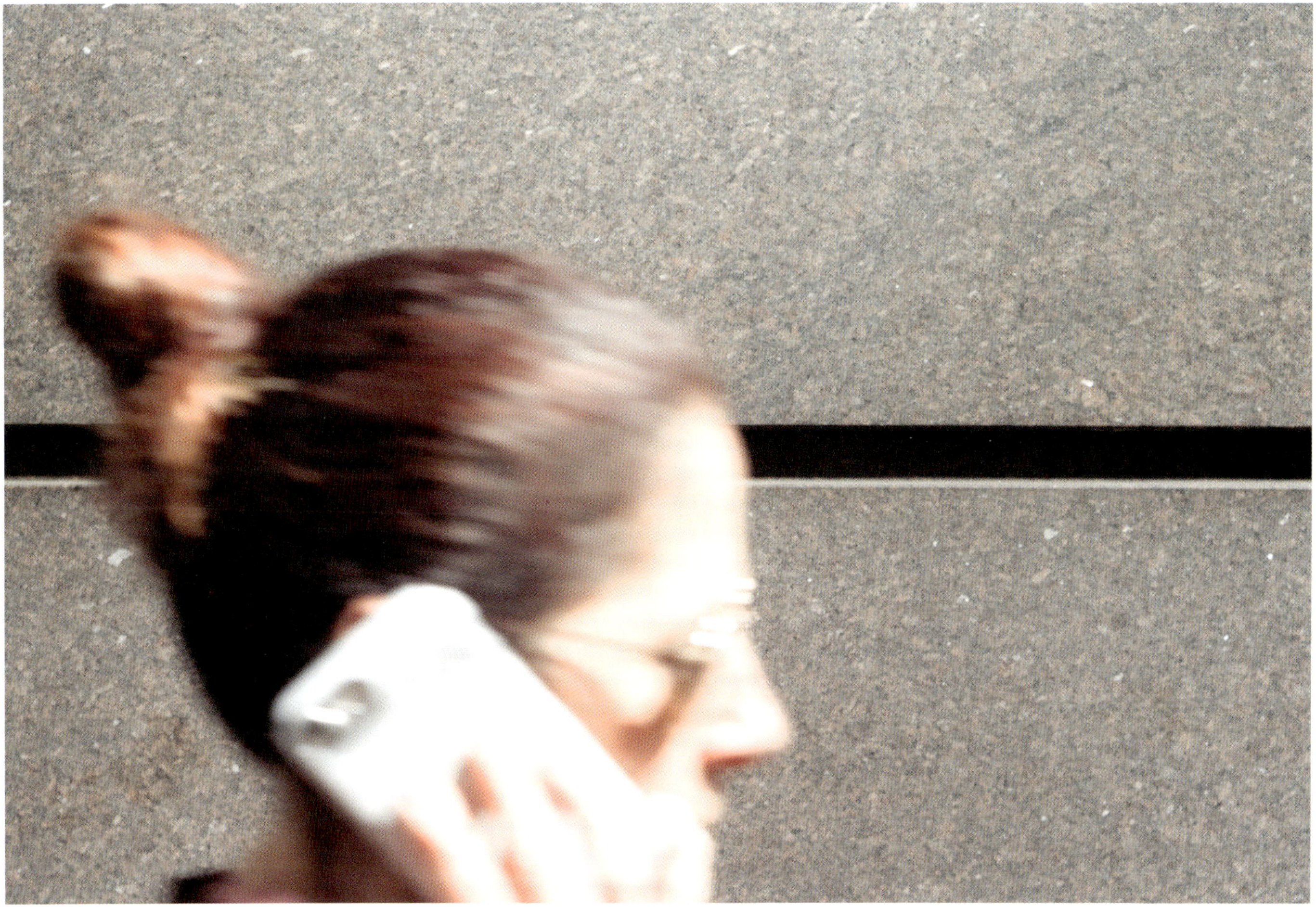

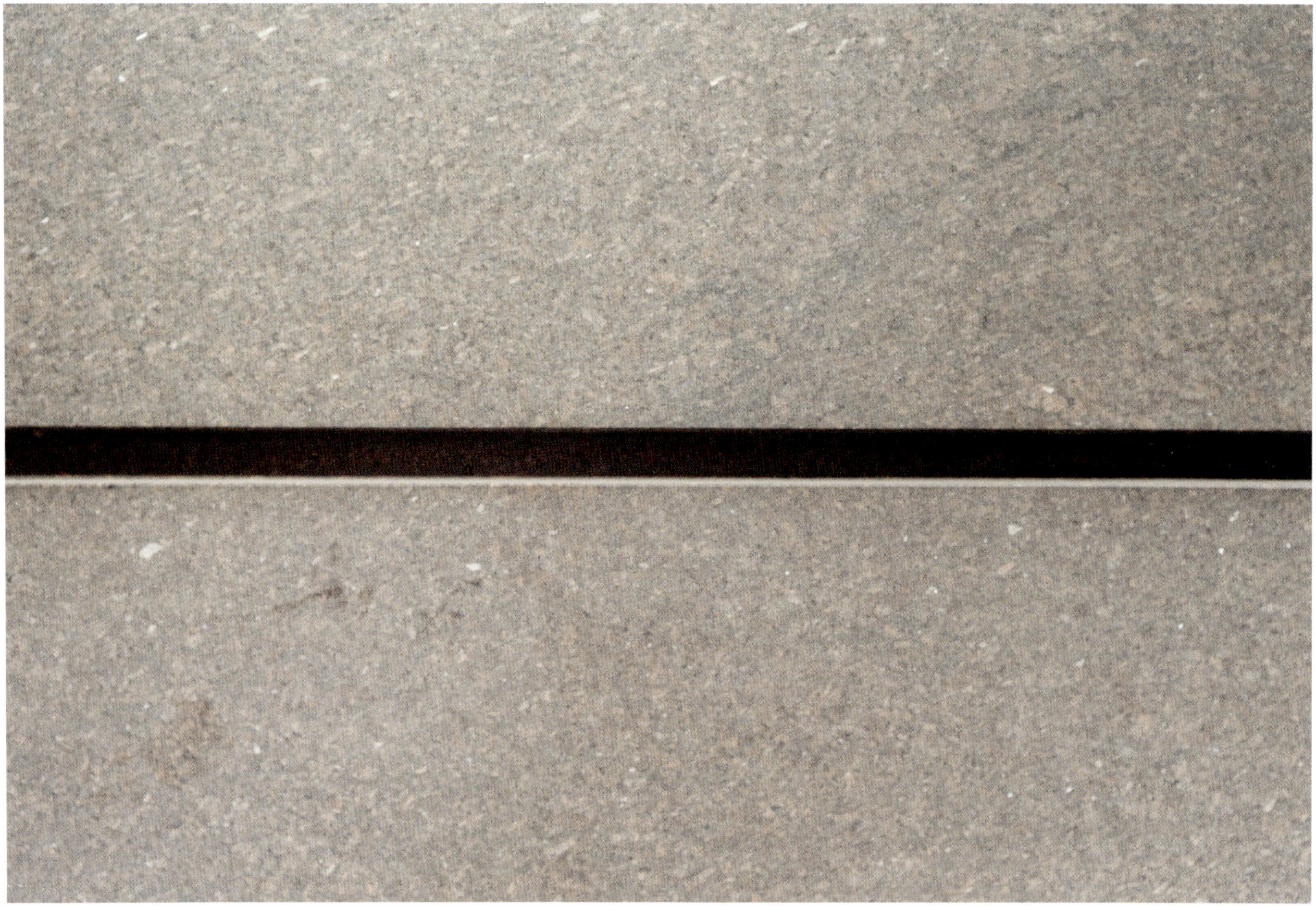

12 : 47 : 54

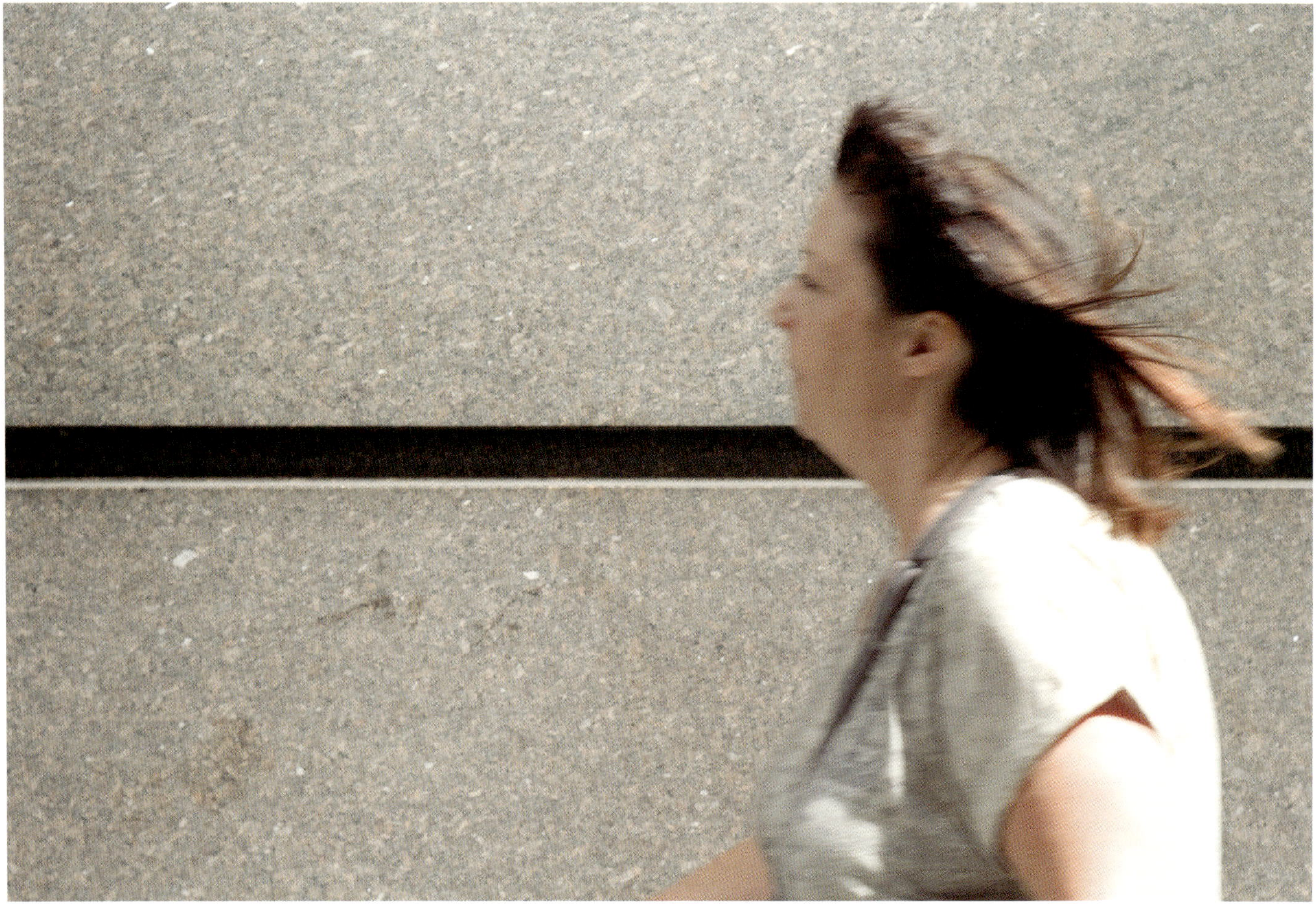

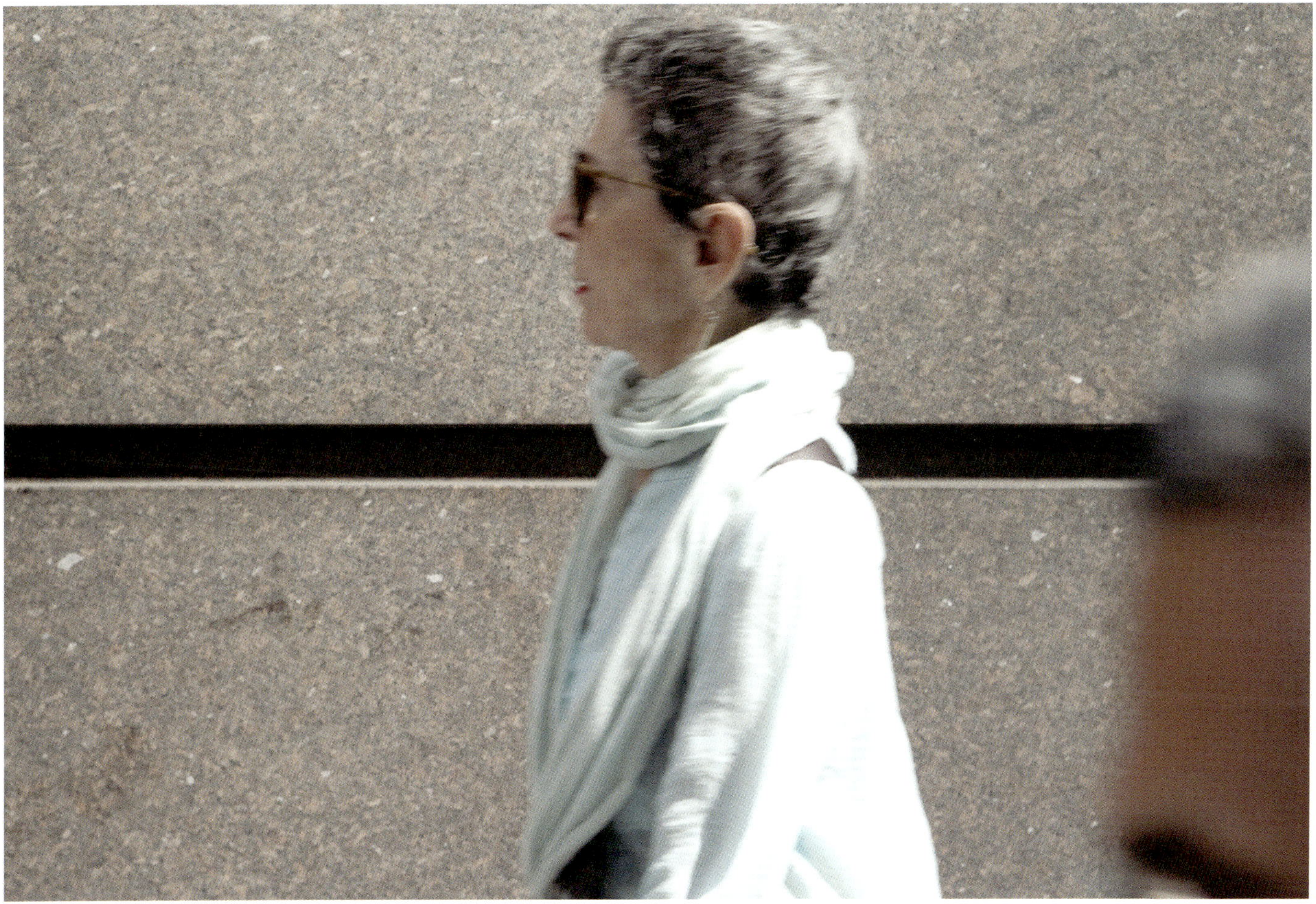

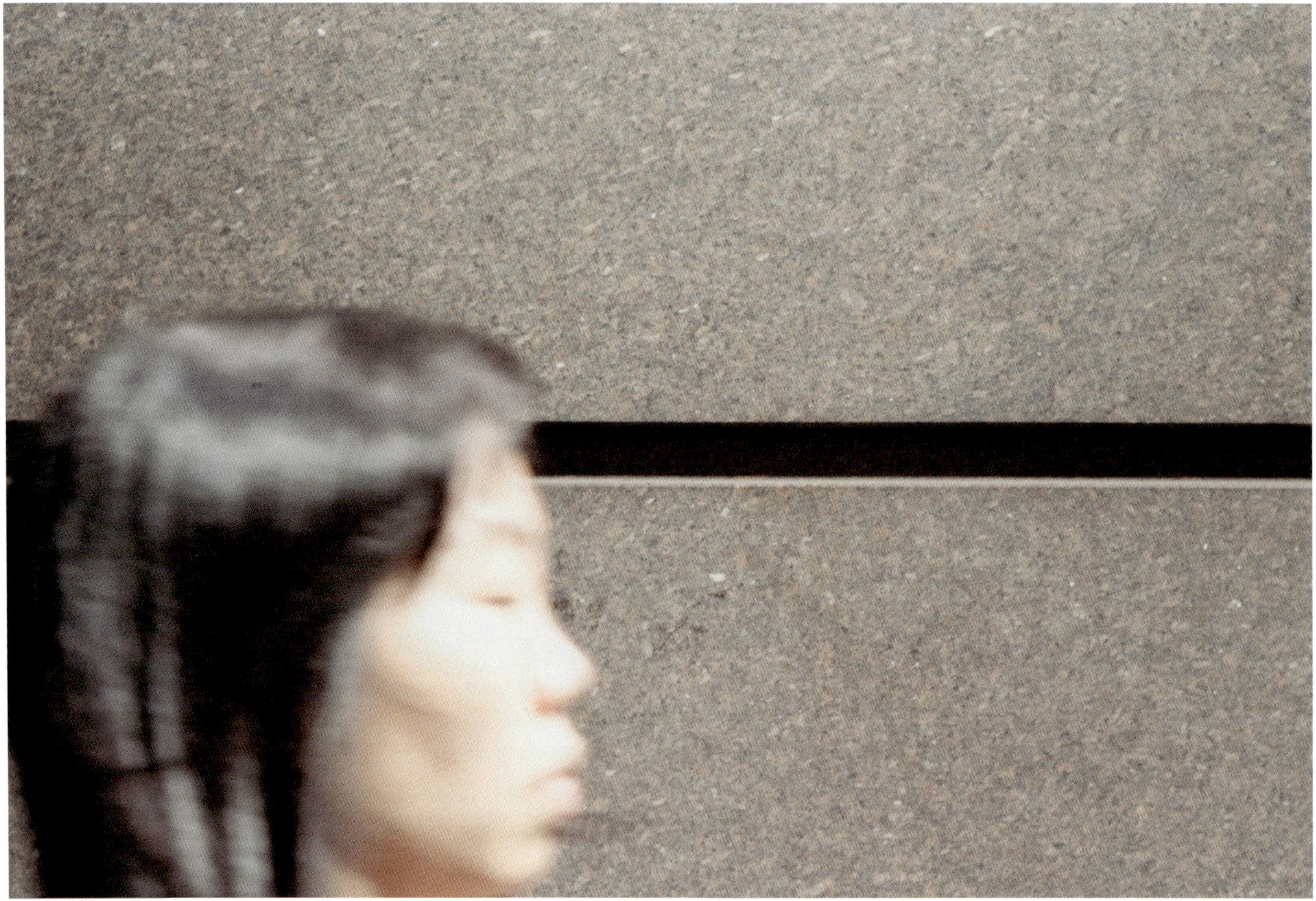

12 : 48 : 22

12 : 48 : 34

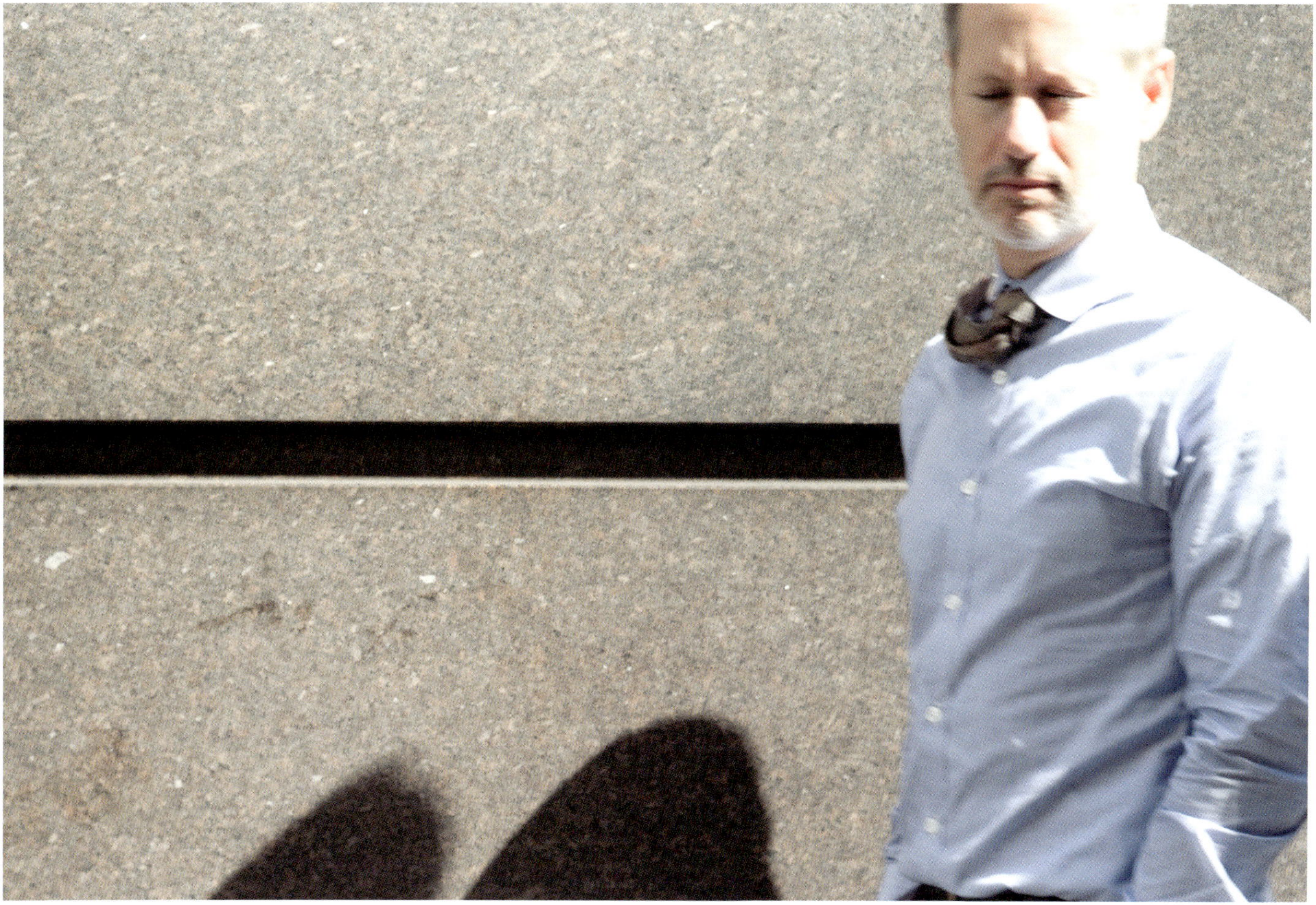

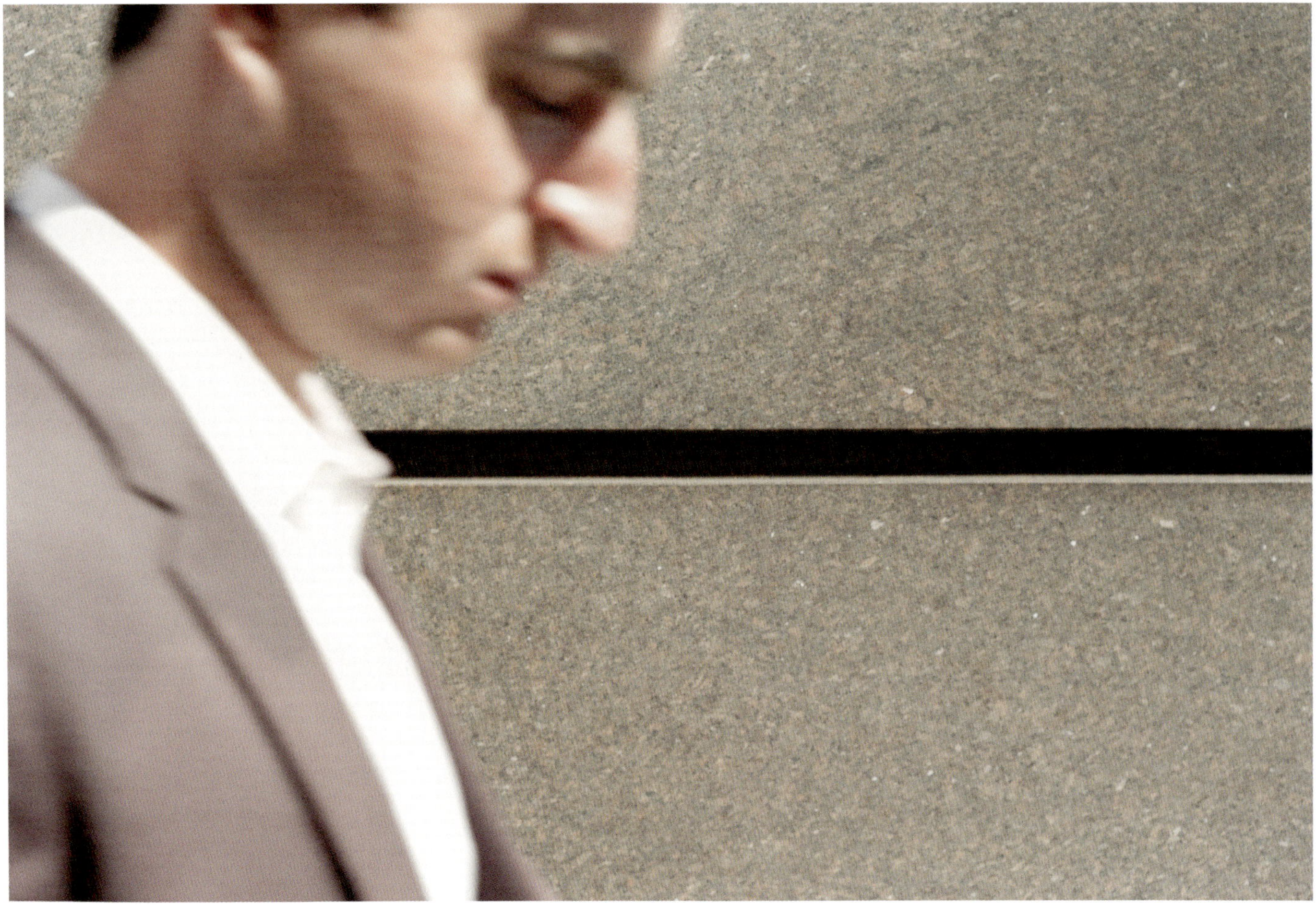

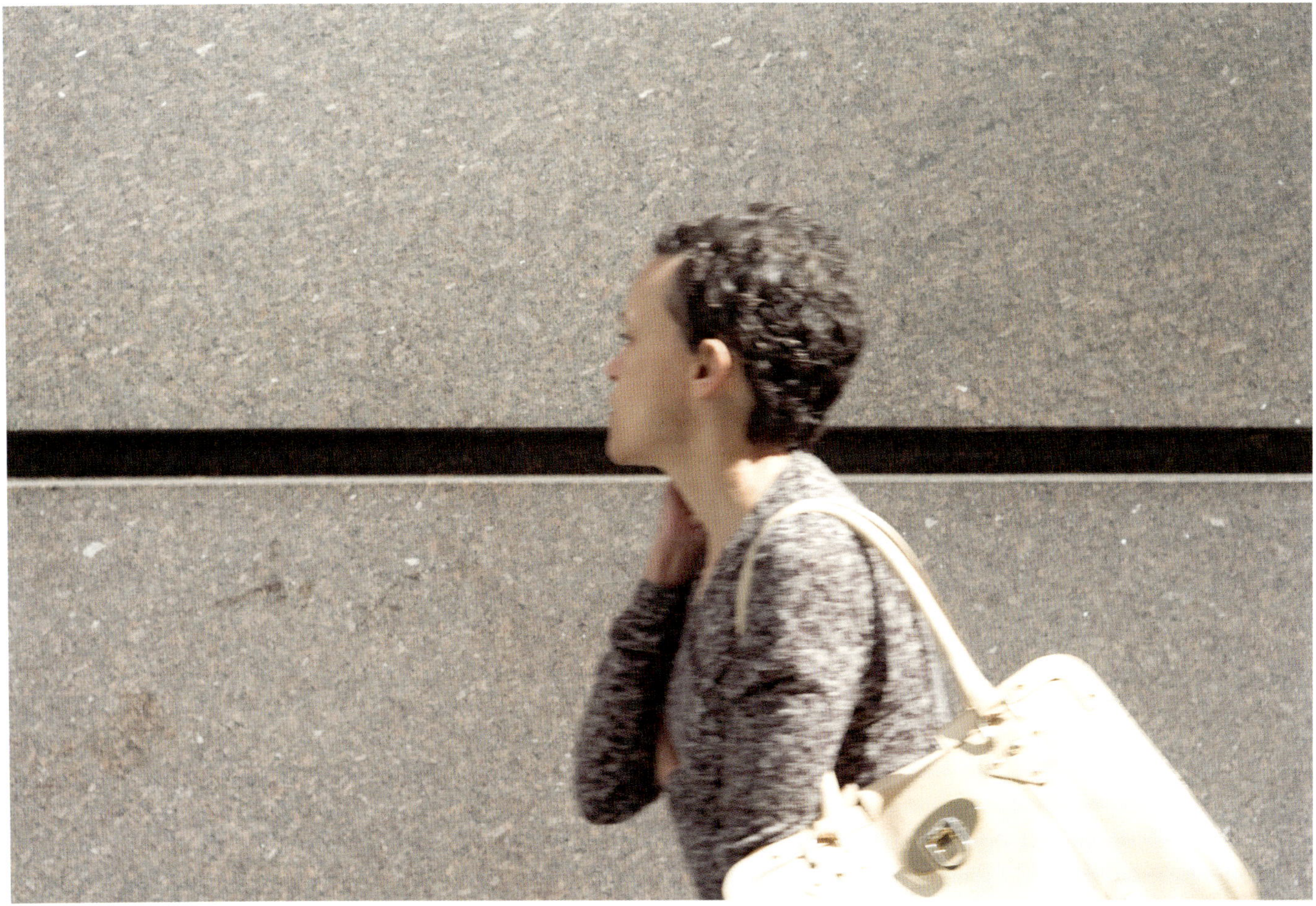

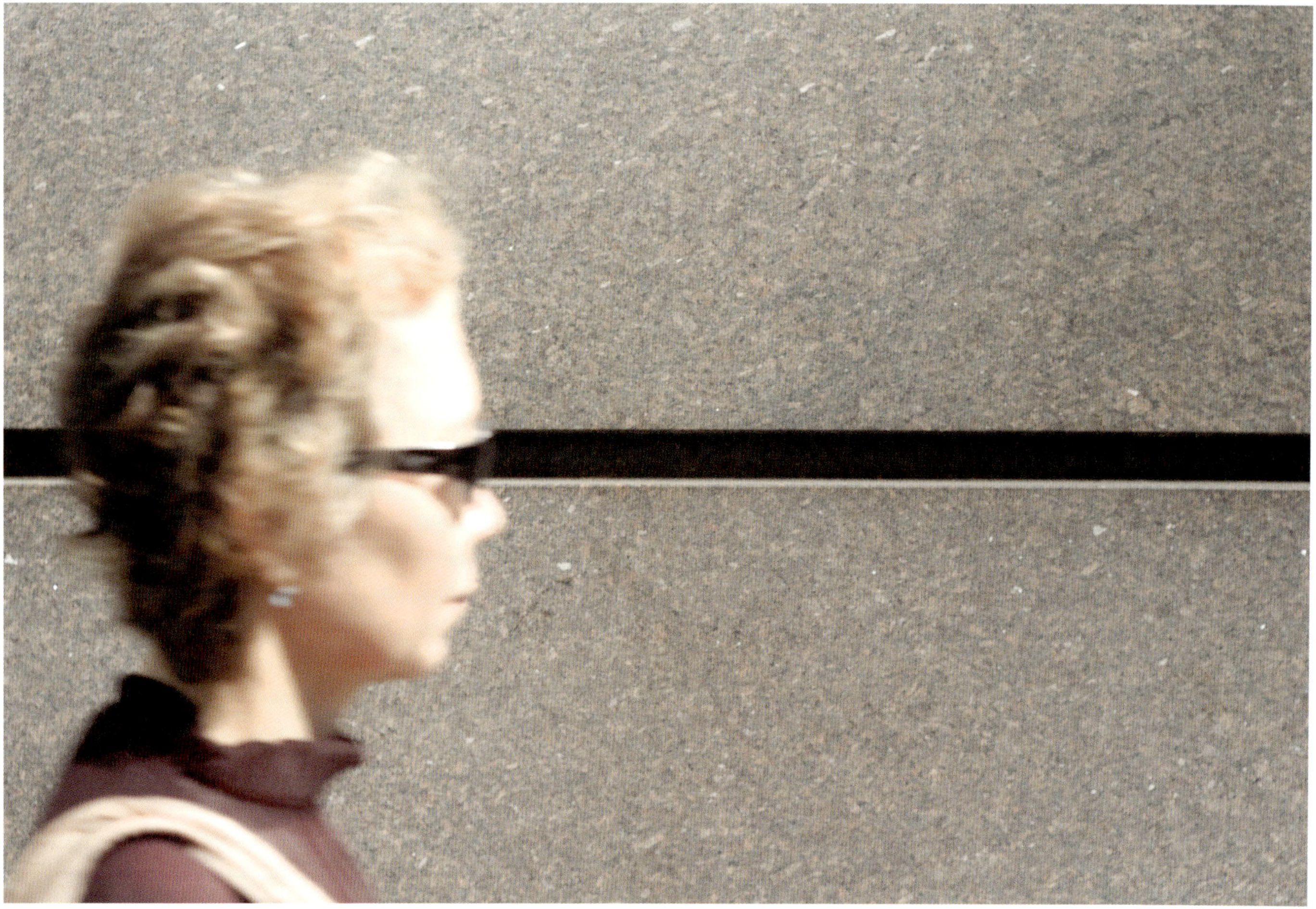

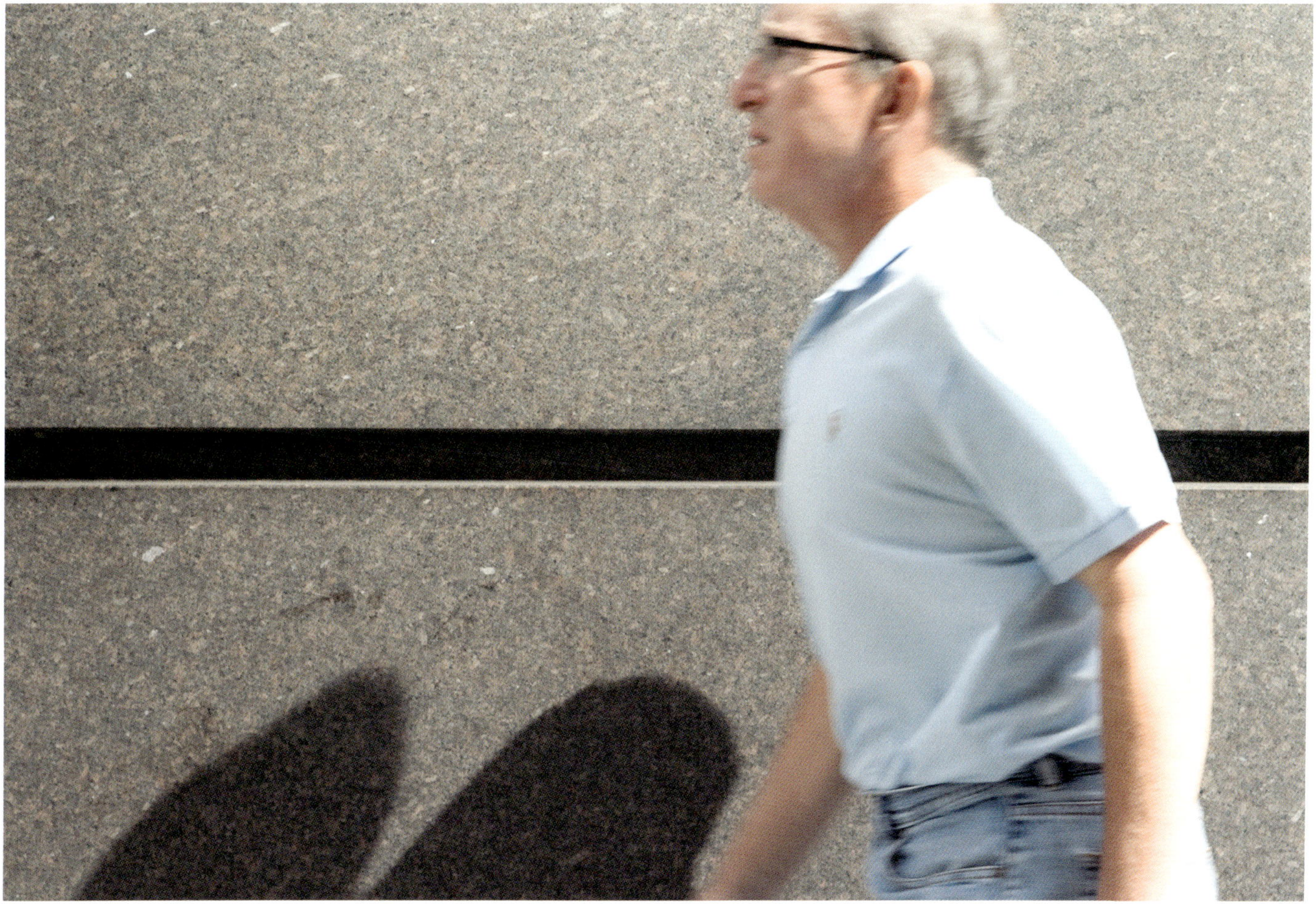

12 : 50 : 01

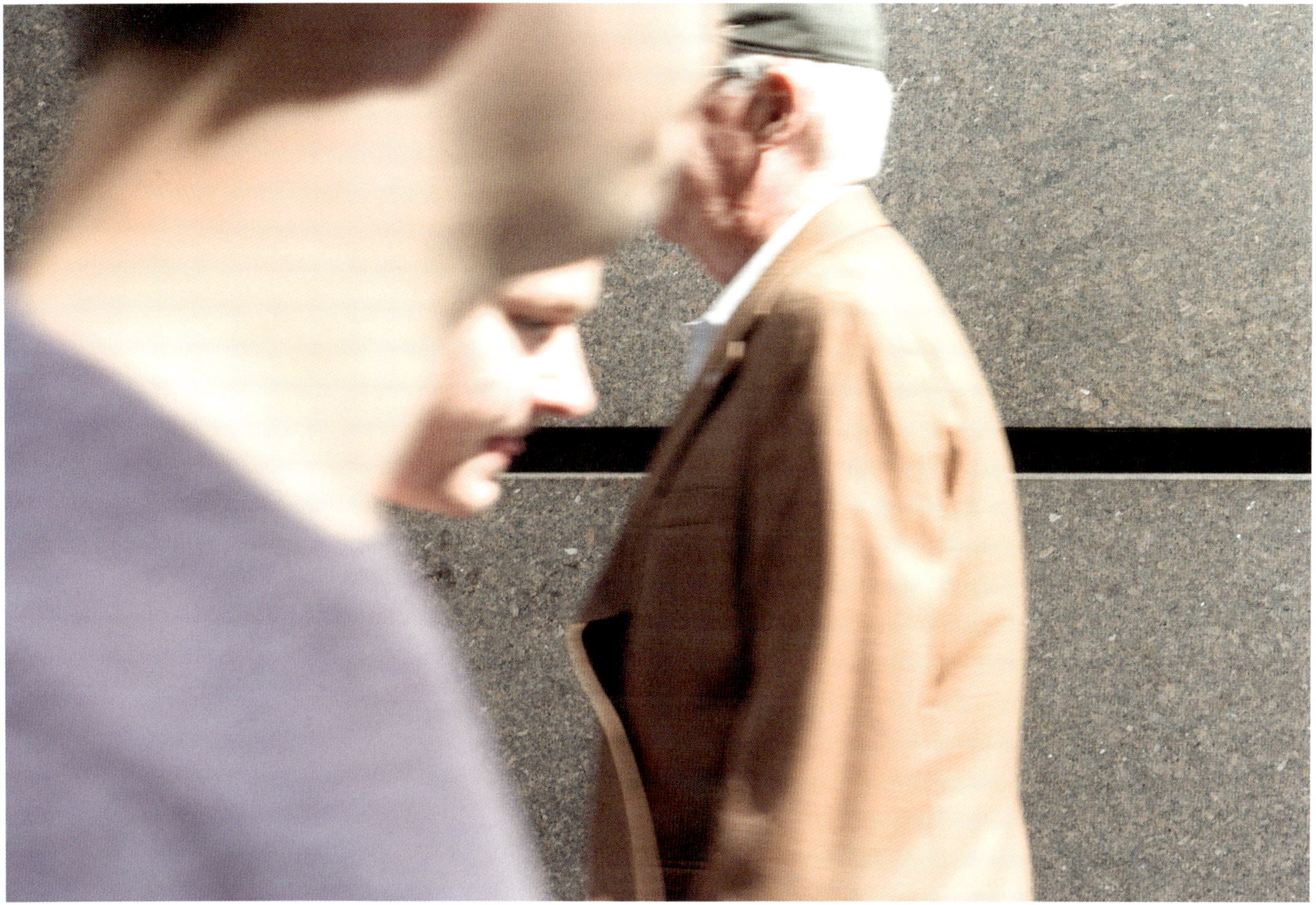

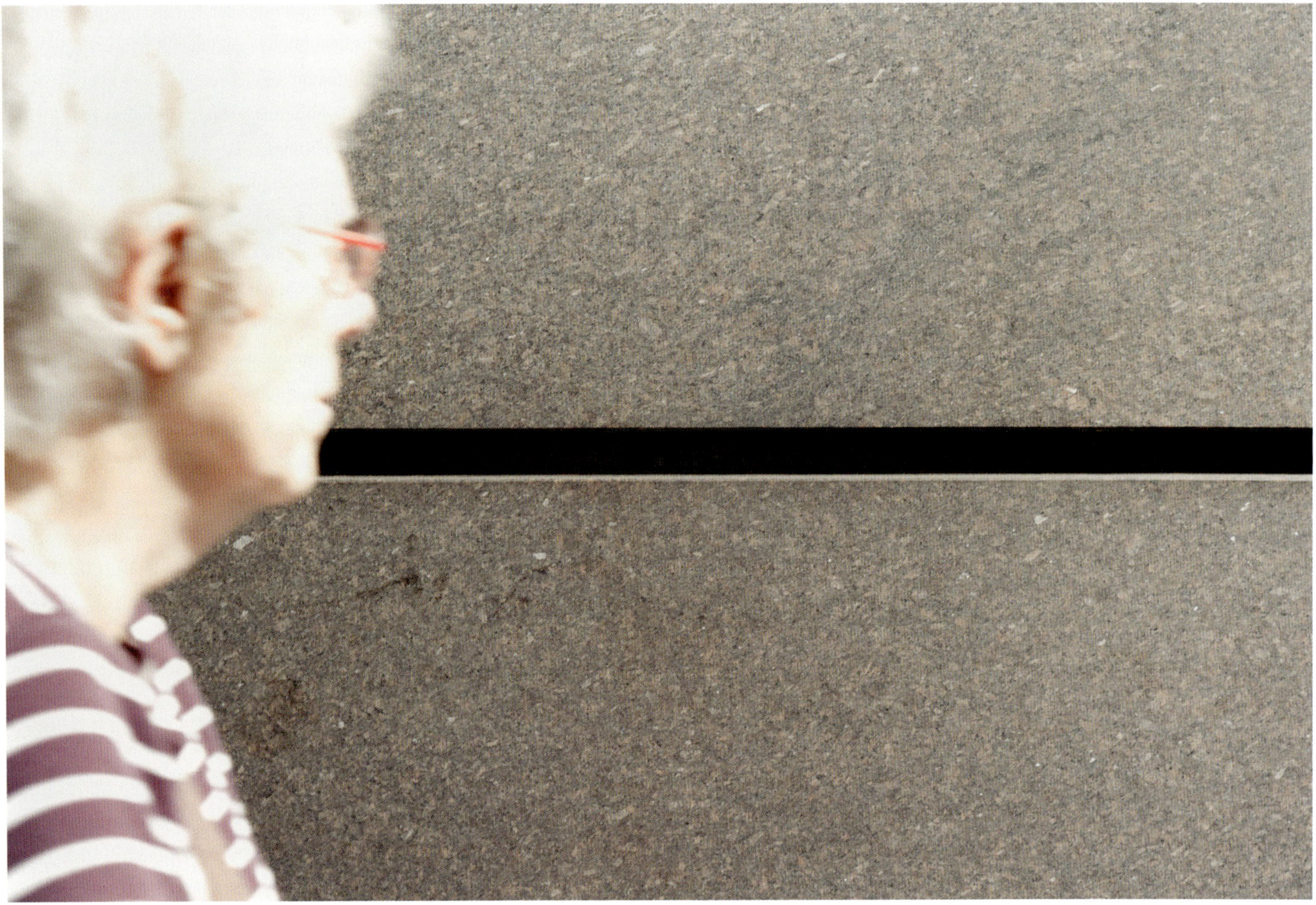

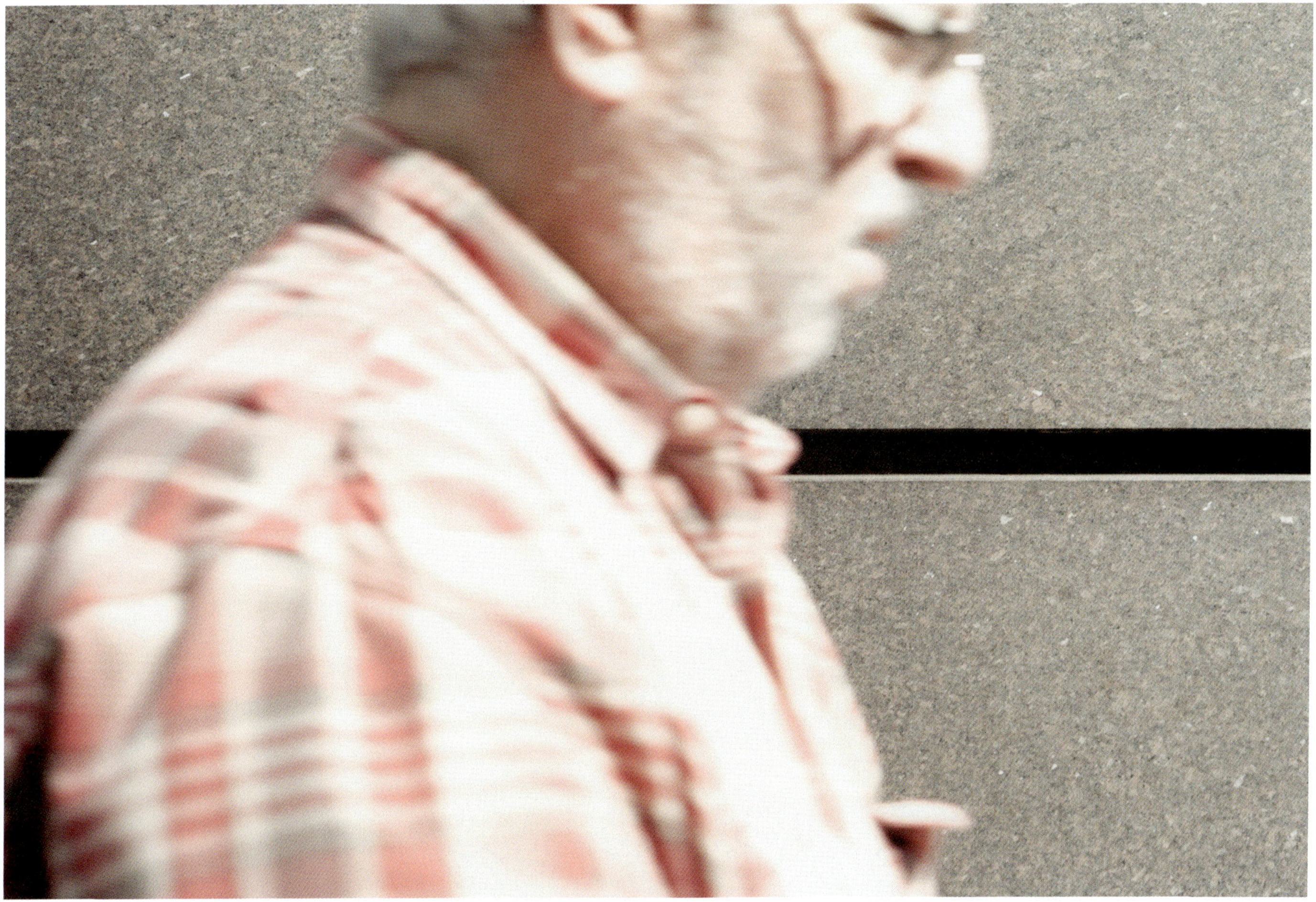

12 : 50 : 47

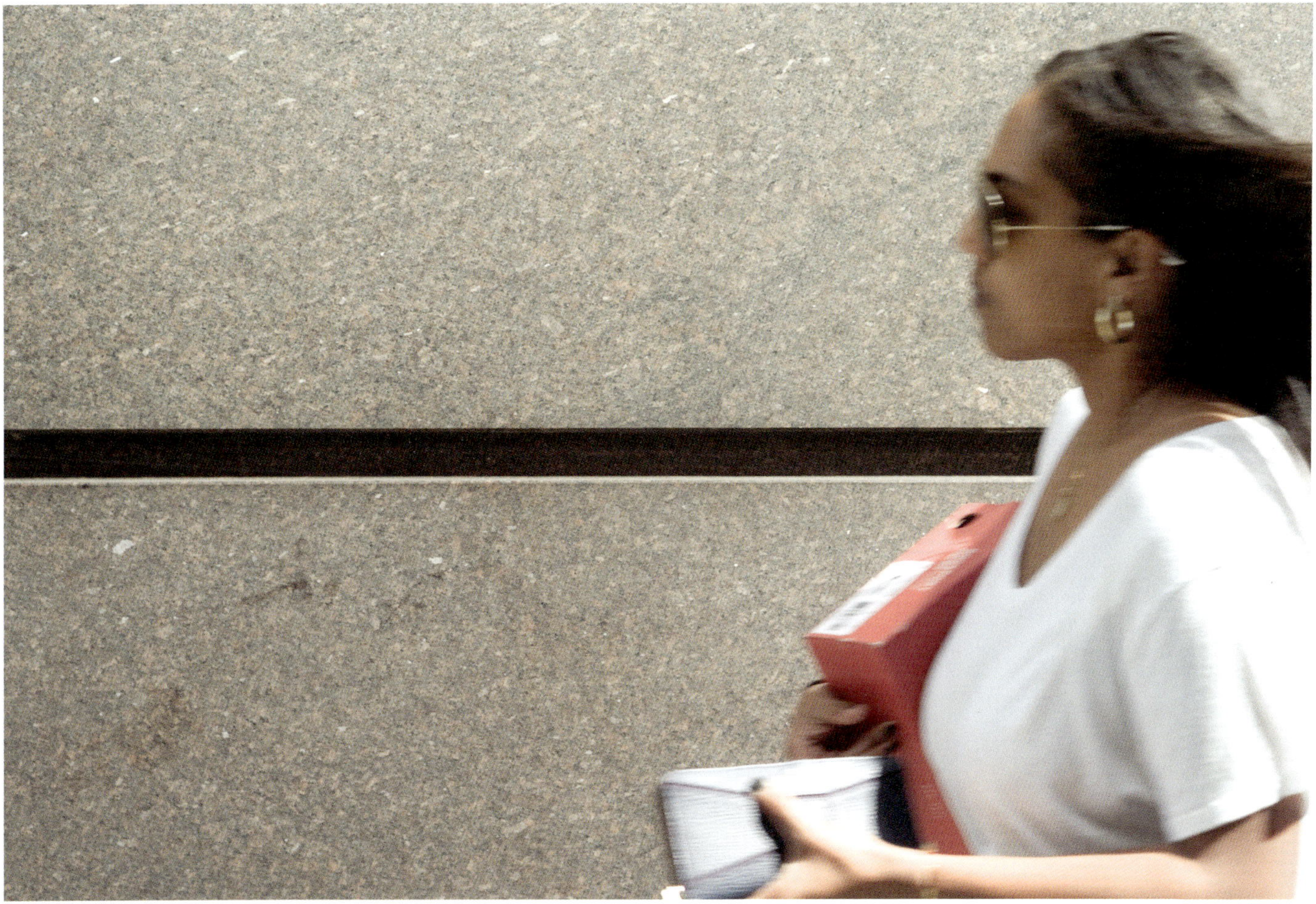

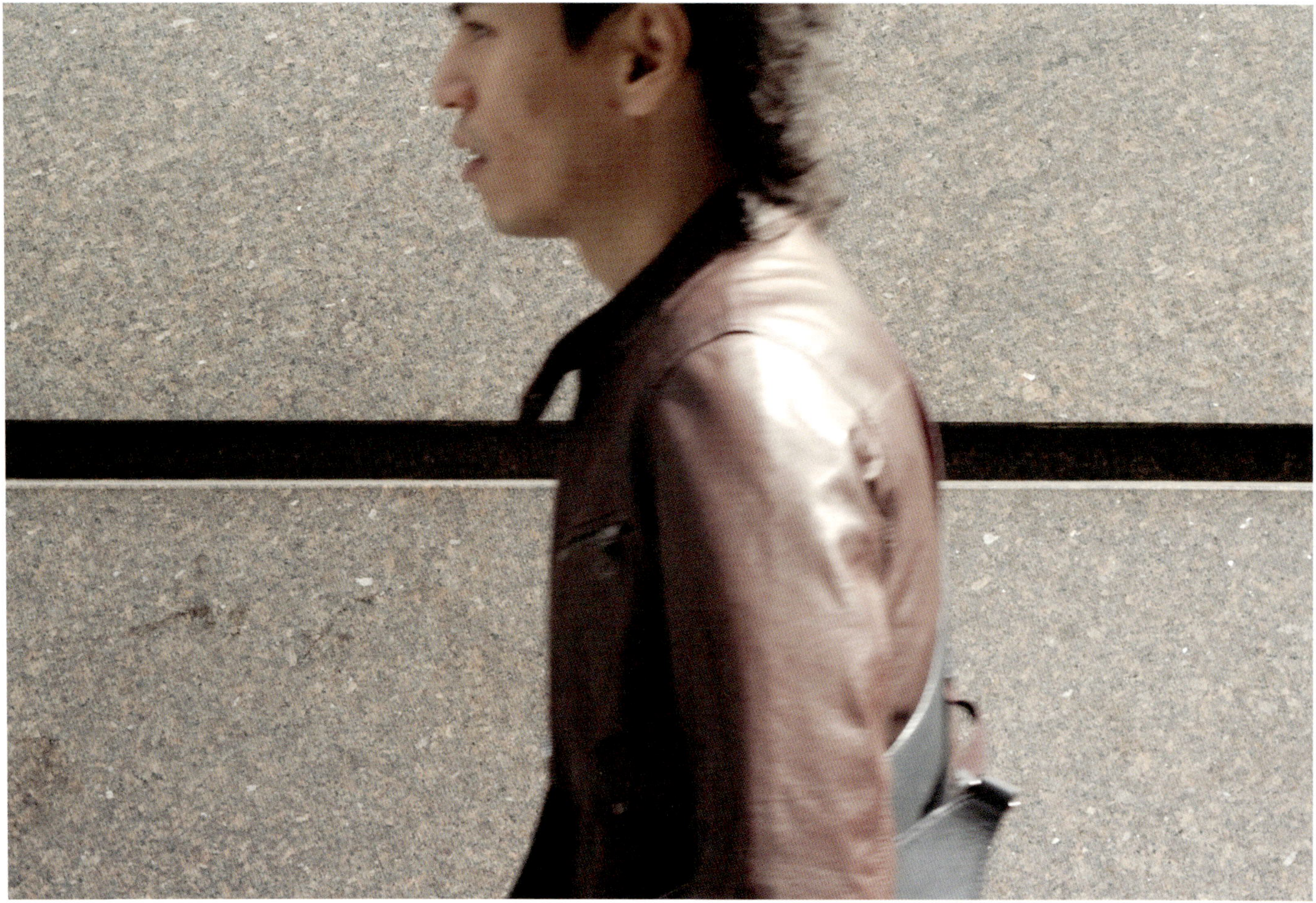

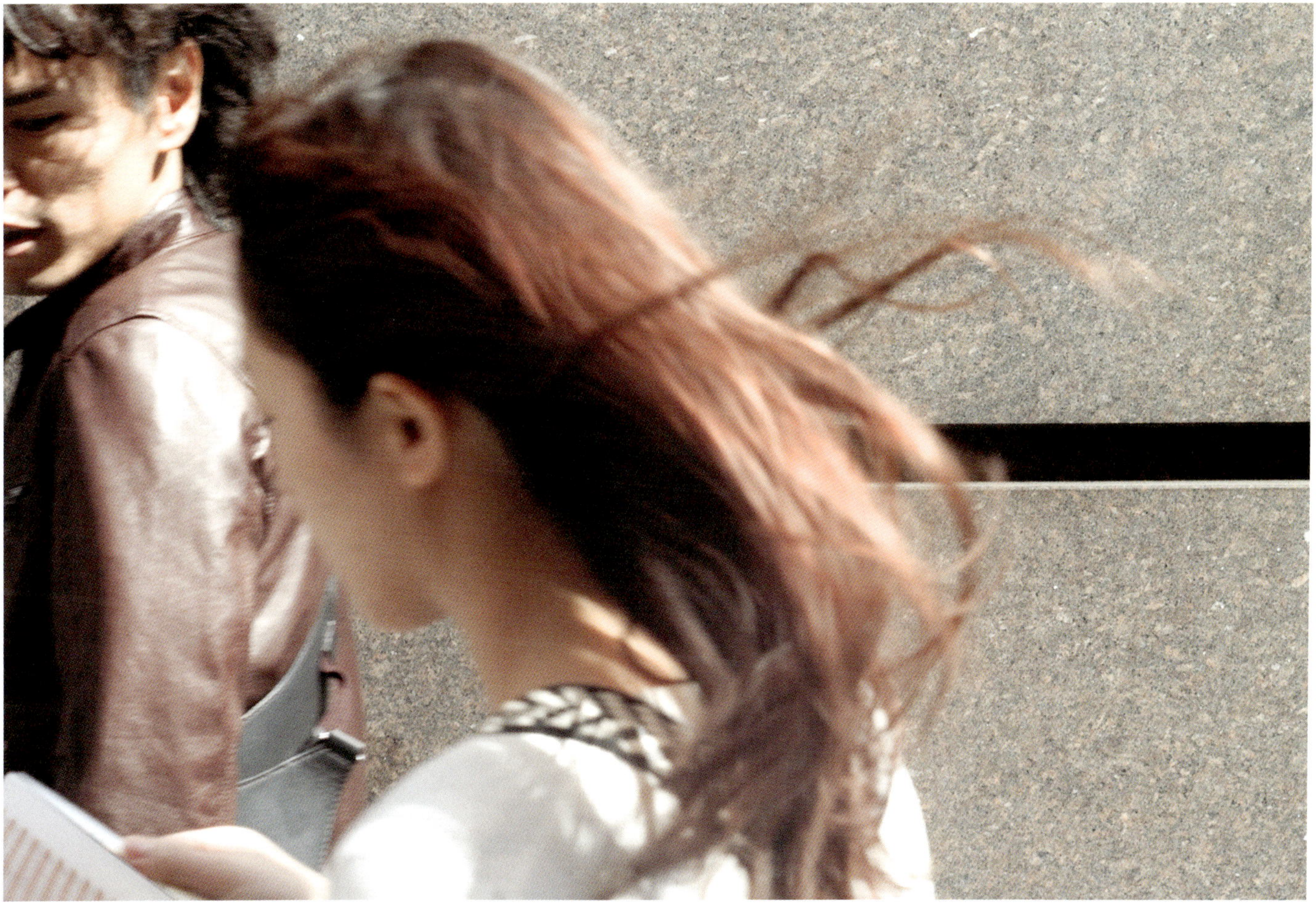

12 : 52 : 32

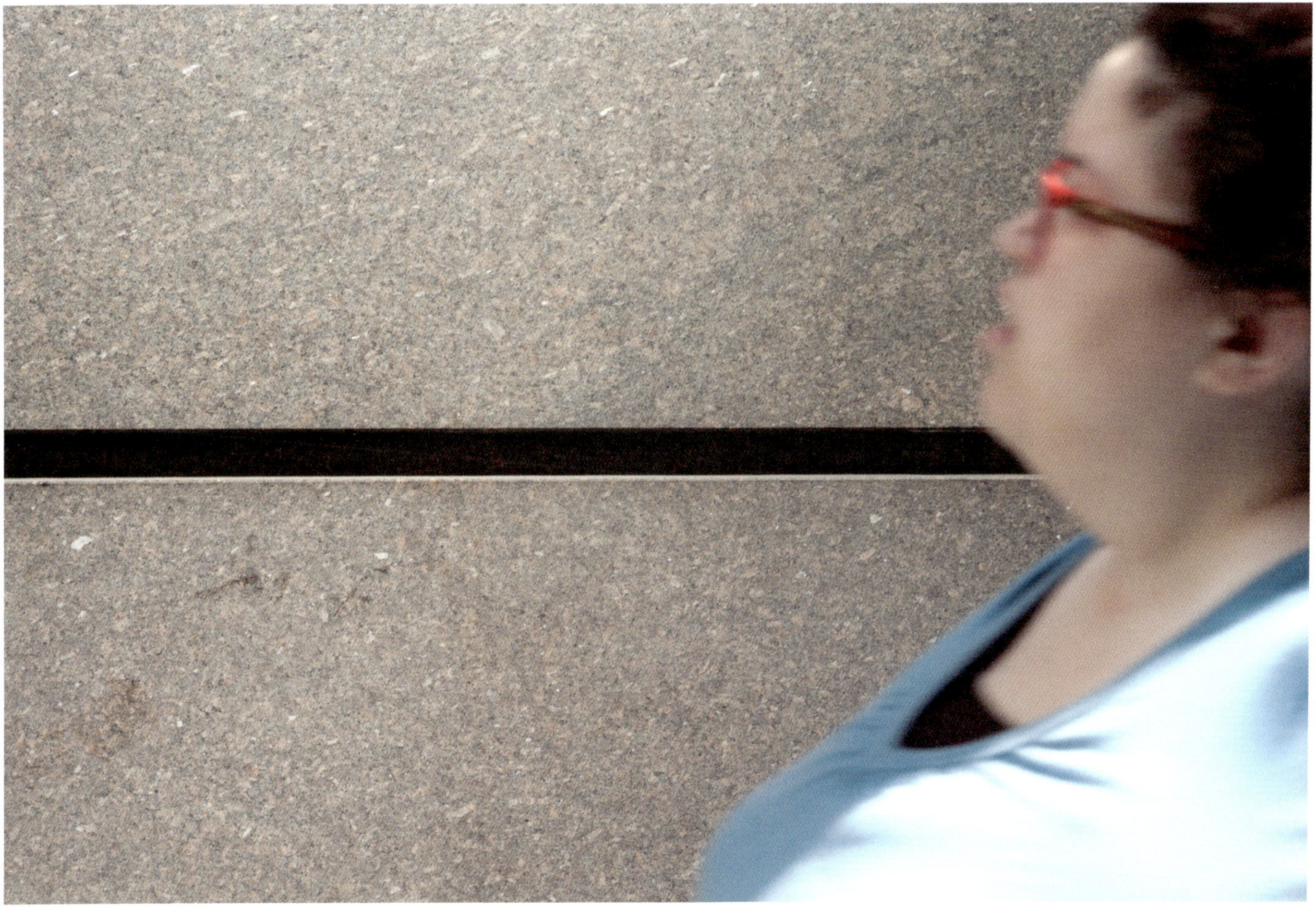

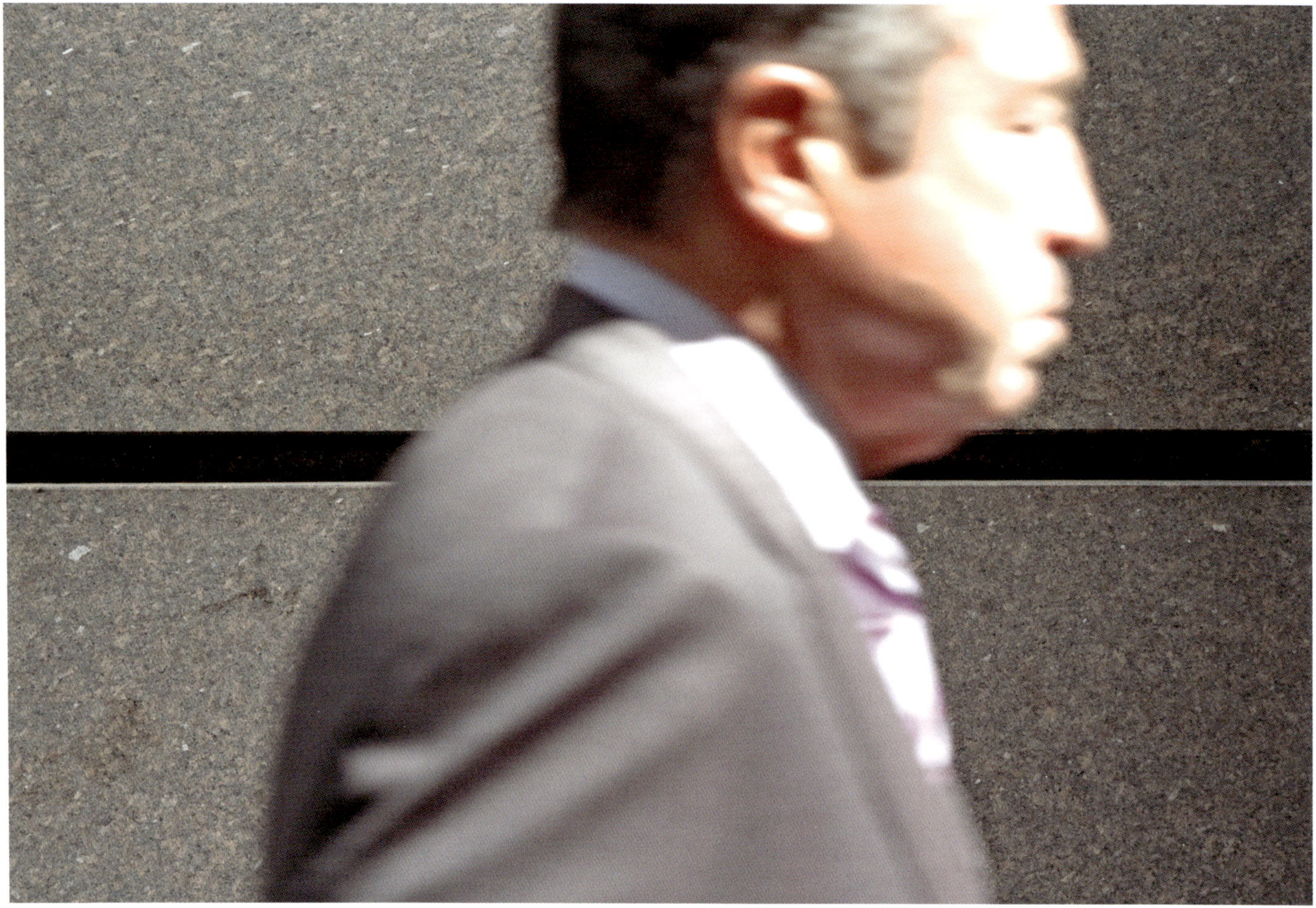

12 : 52 : 43

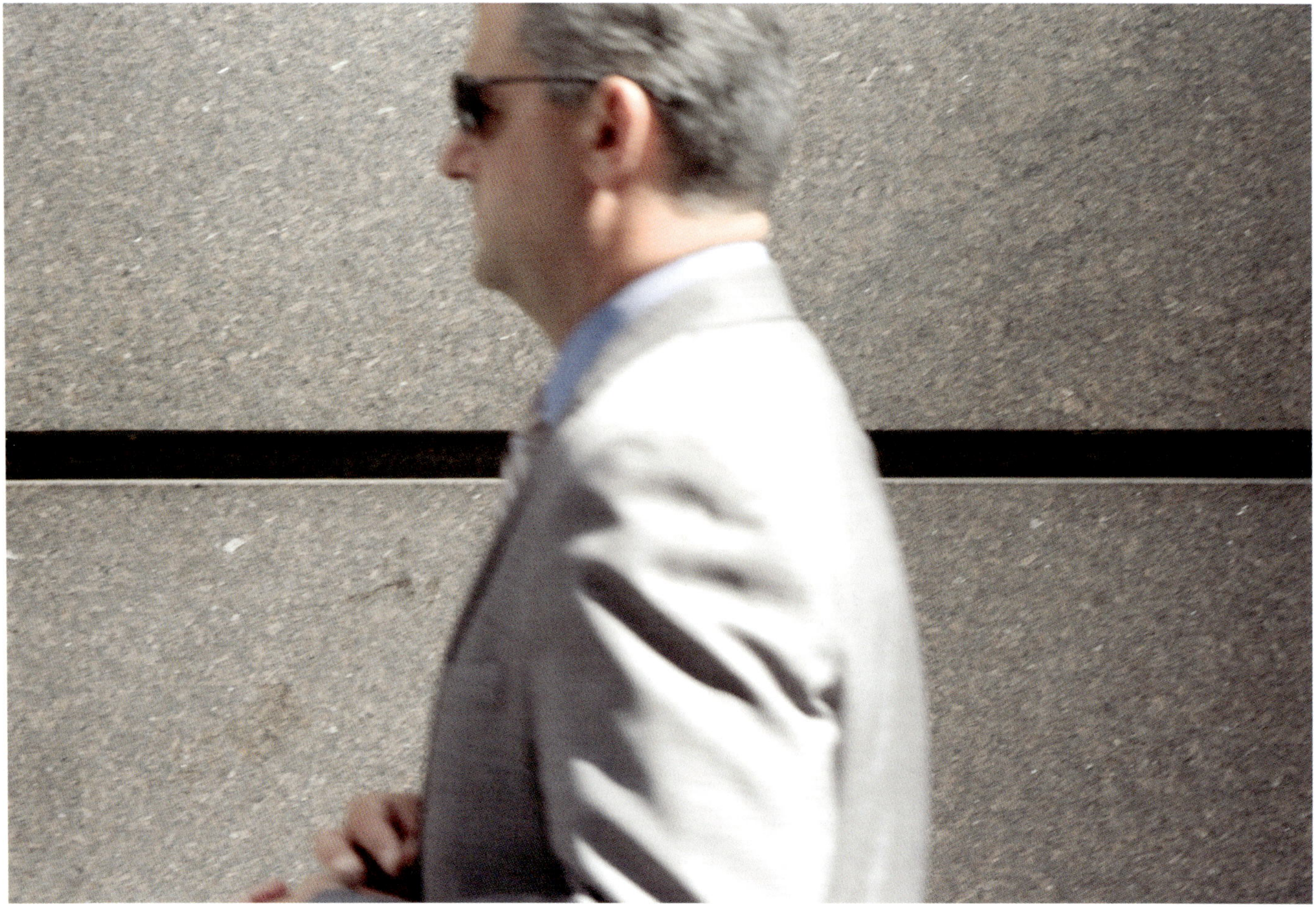

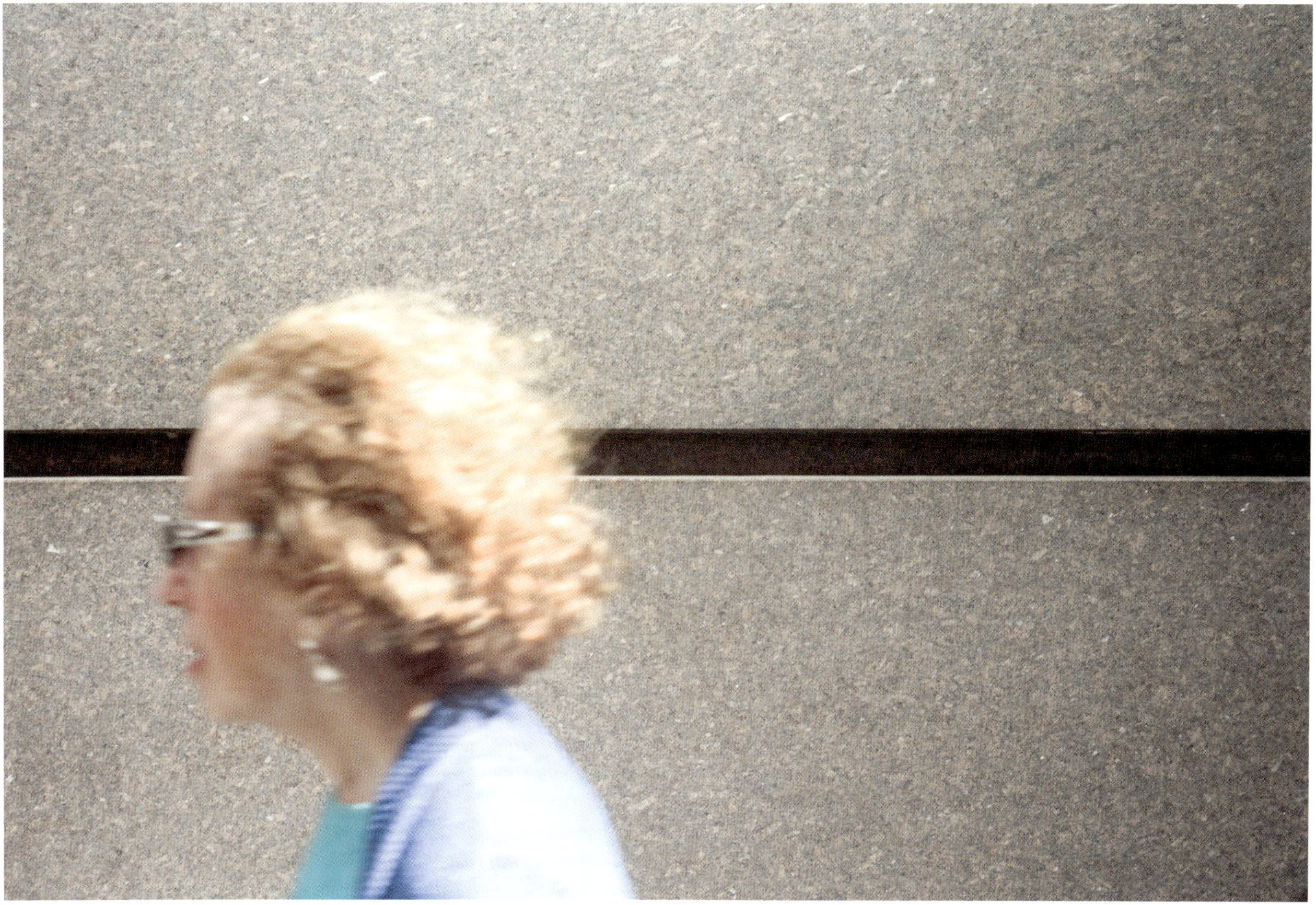

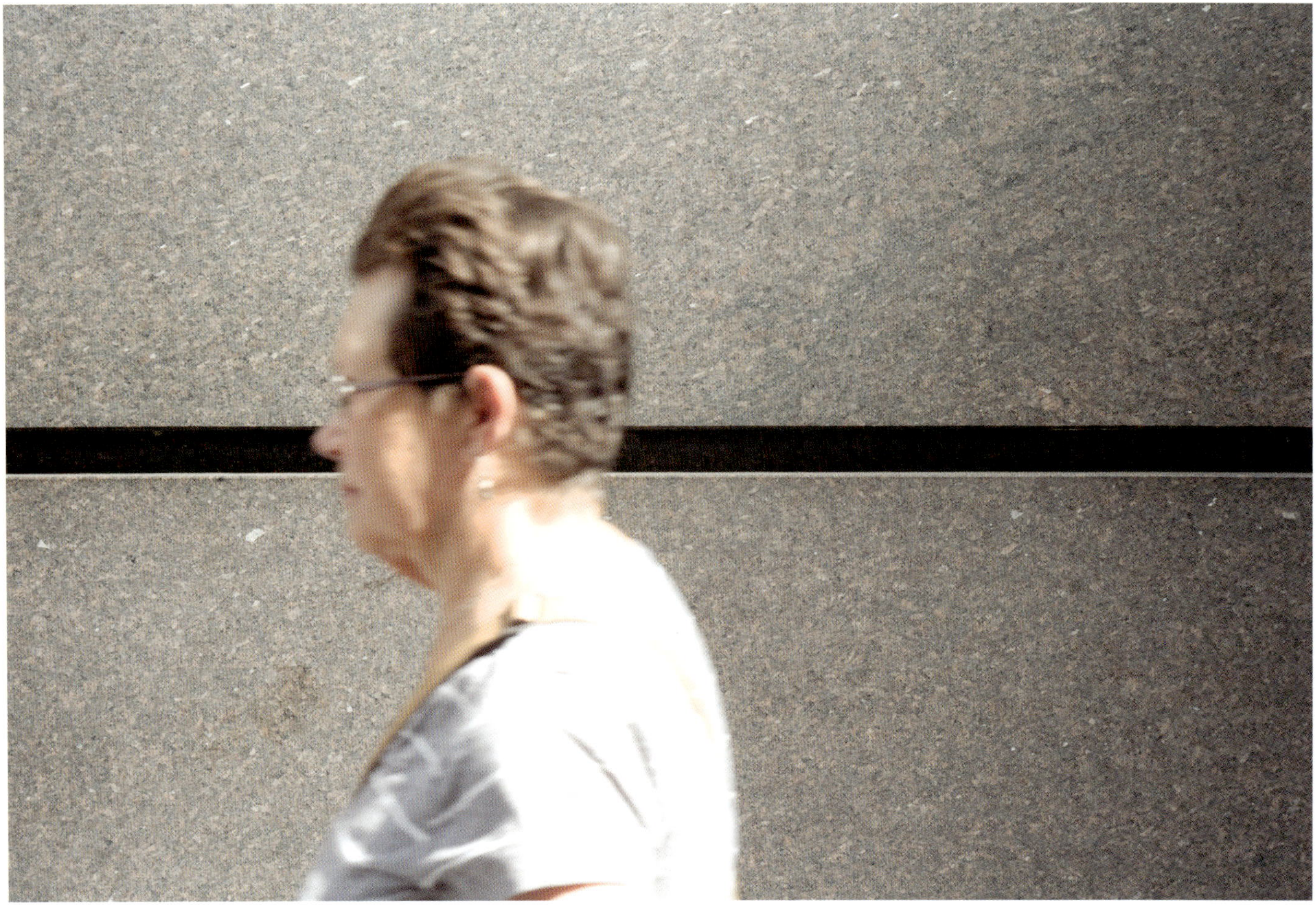

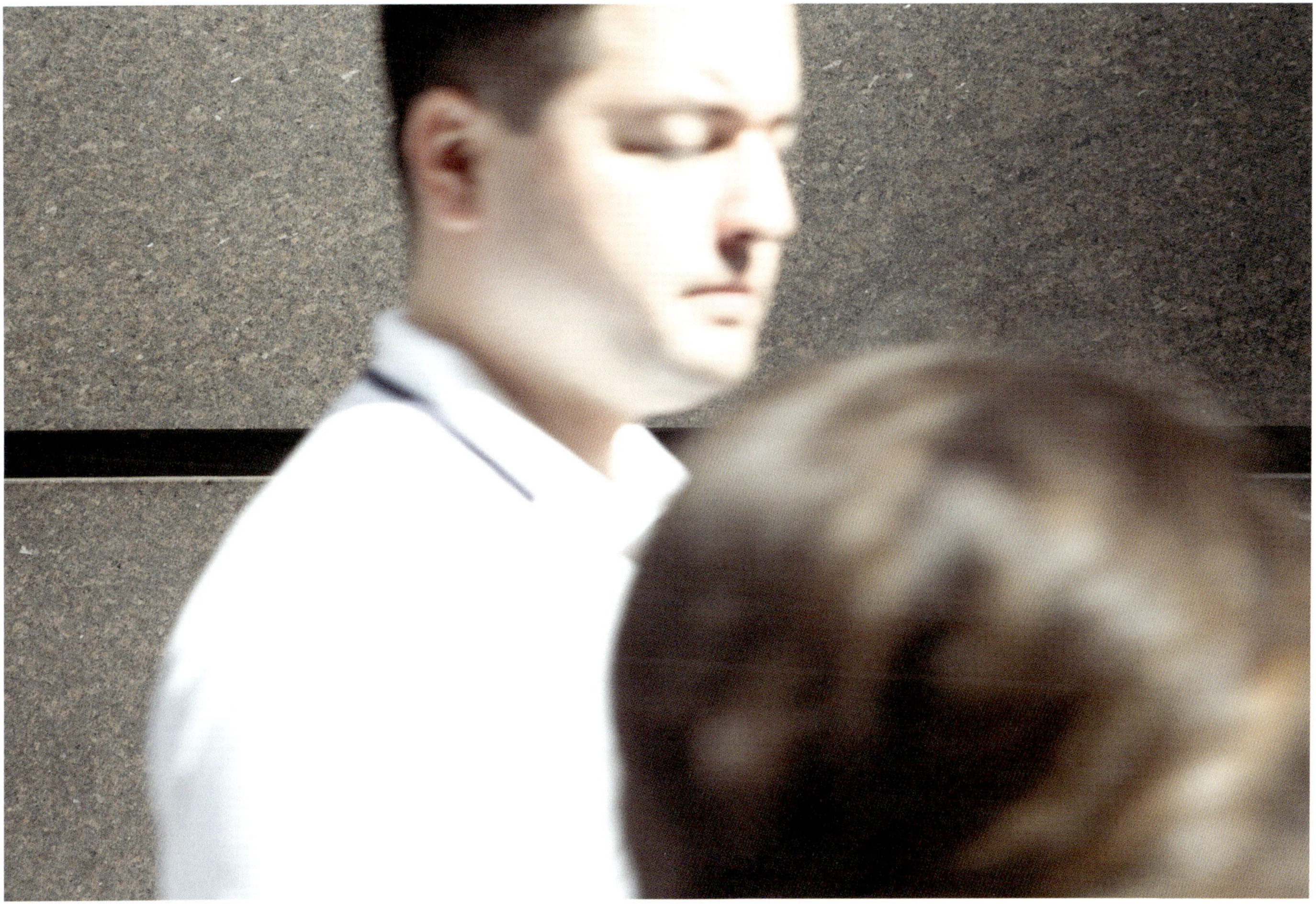

12 : 53 : 27

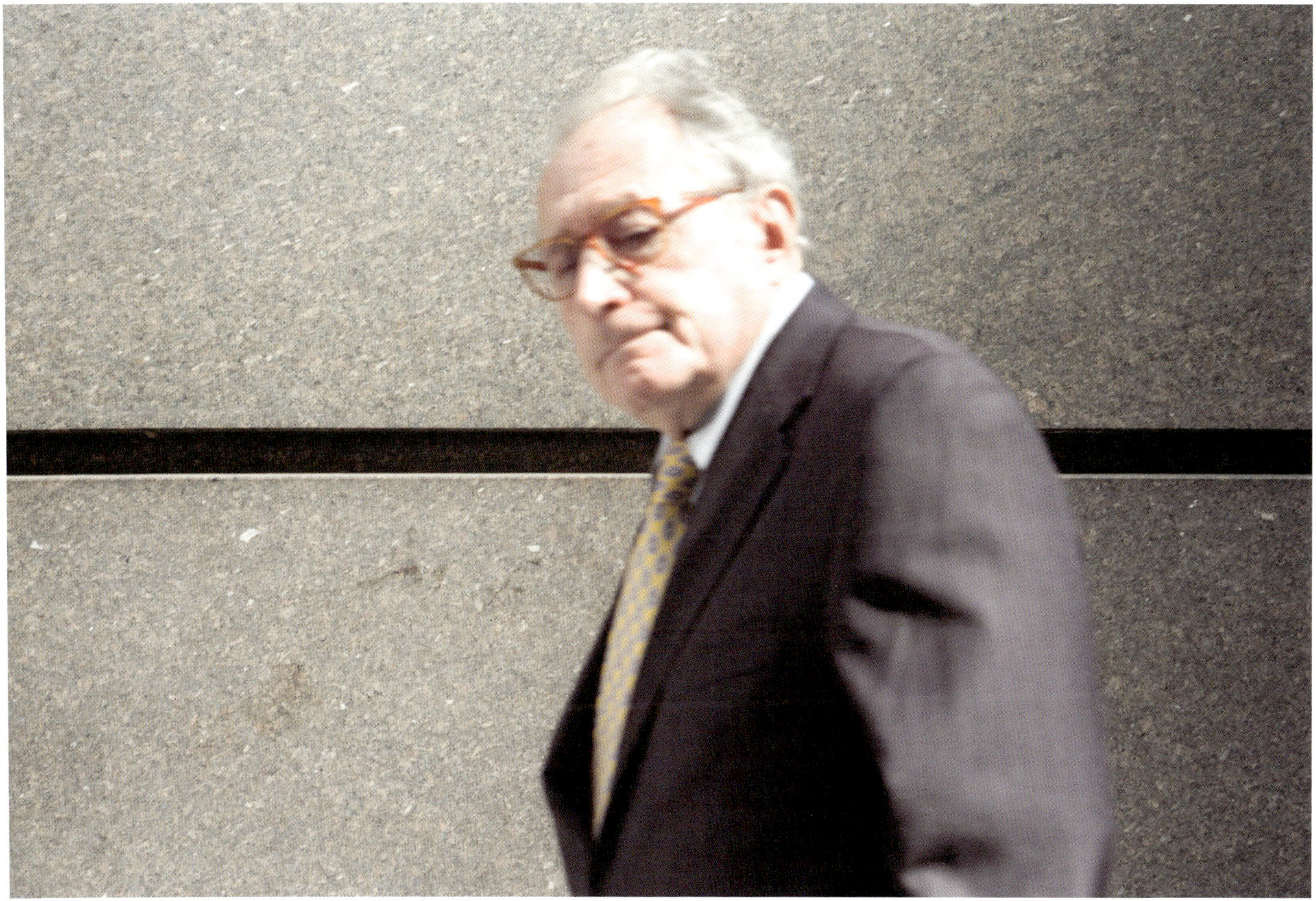

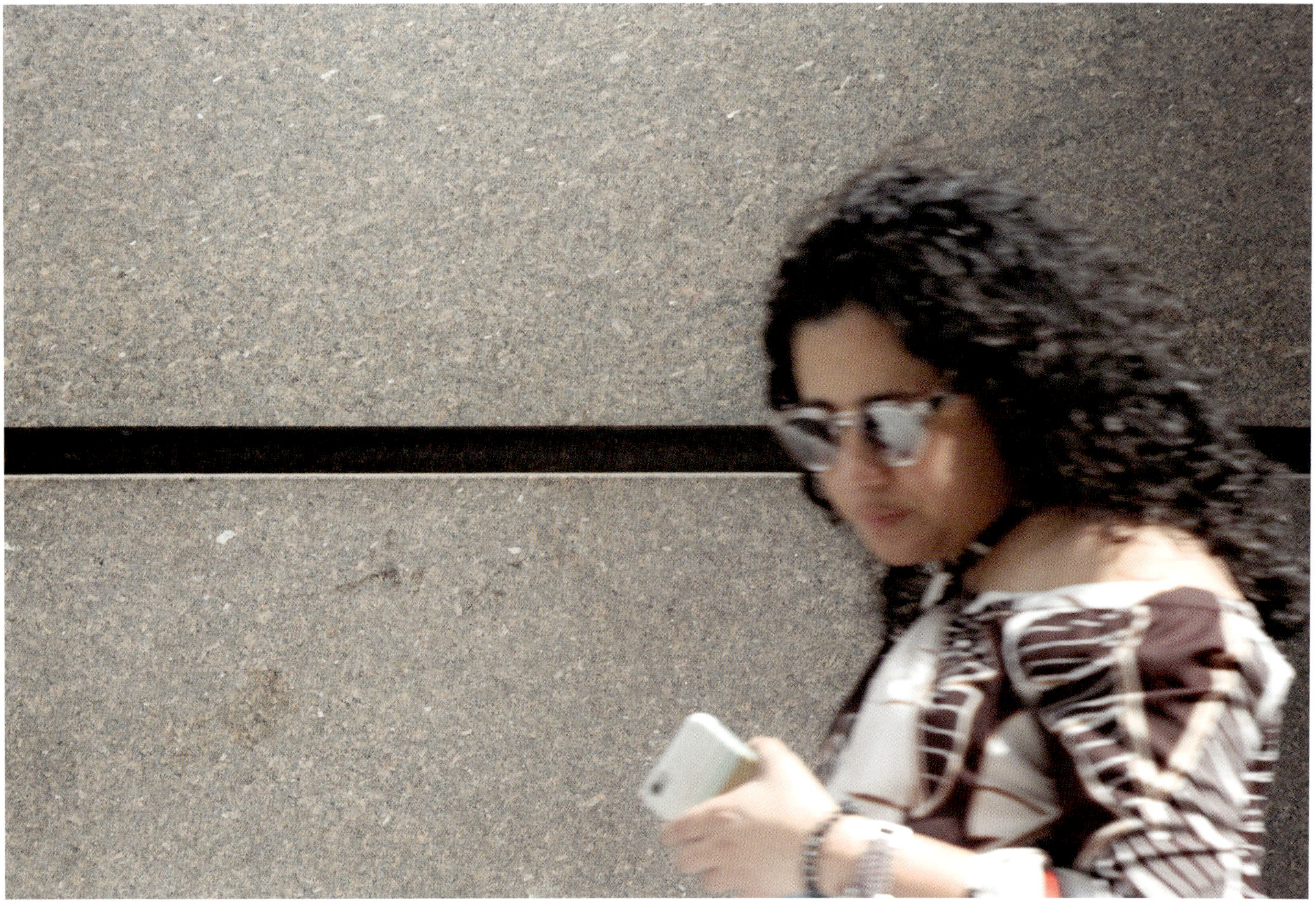

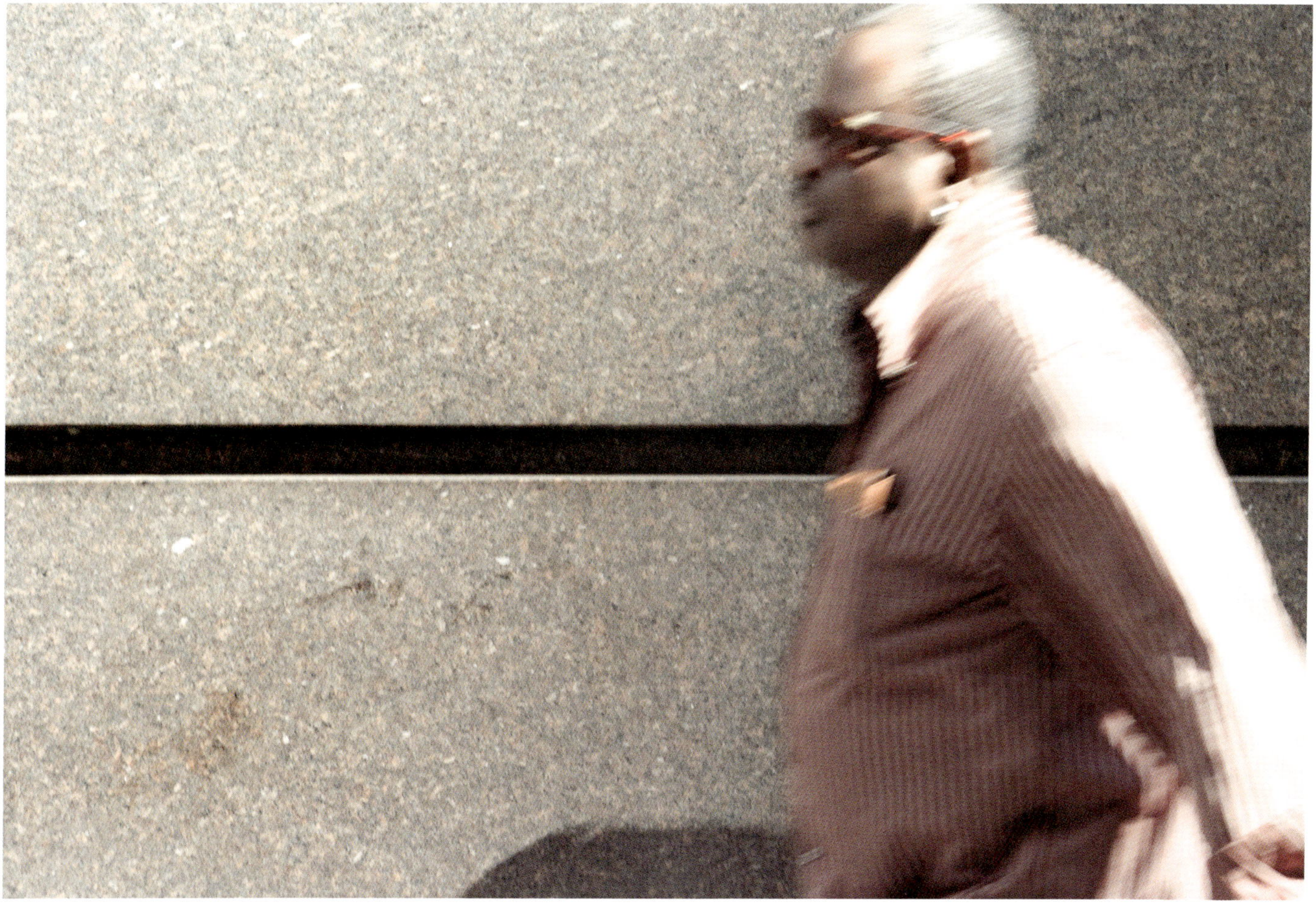

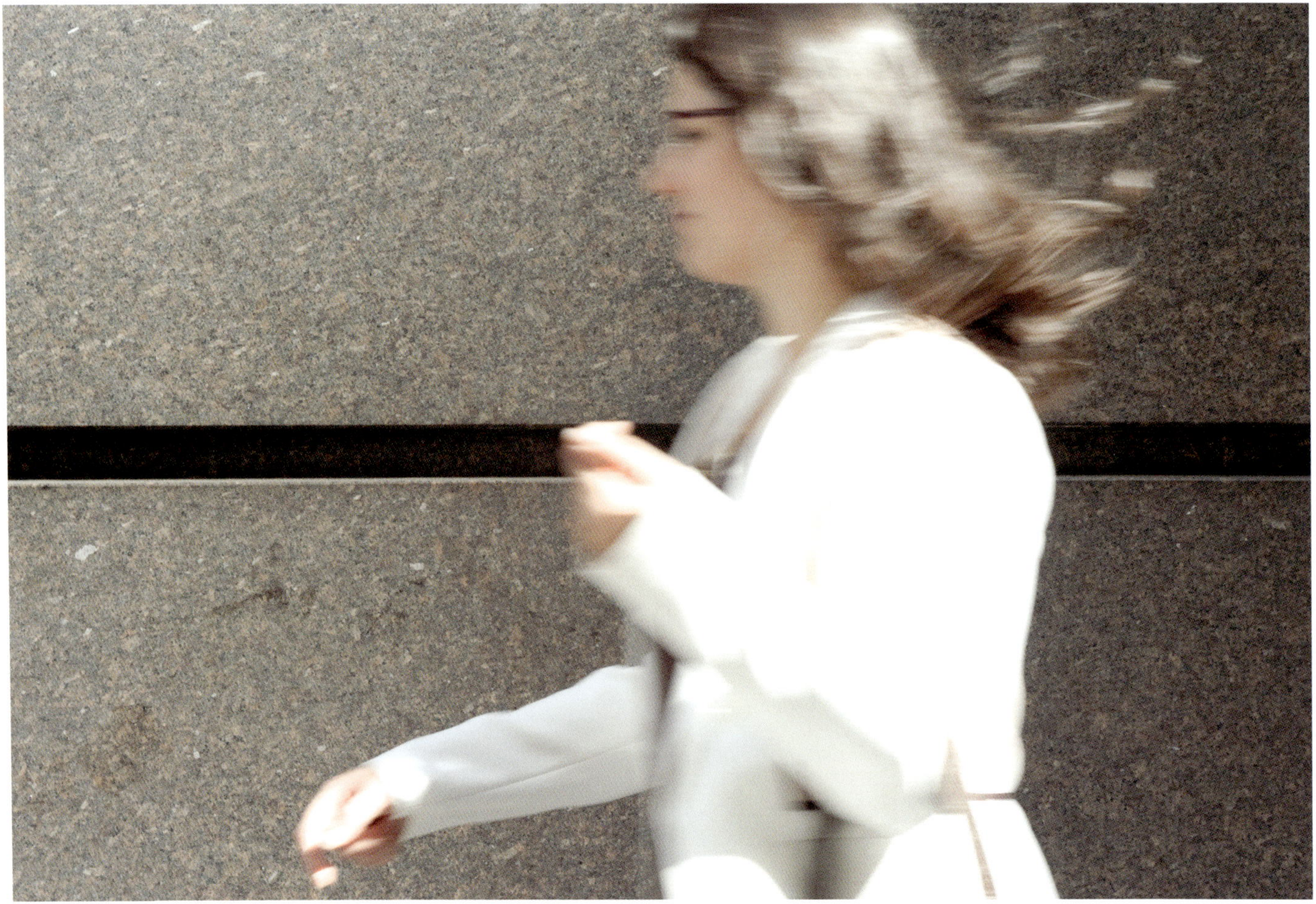

12 : 53 : 51

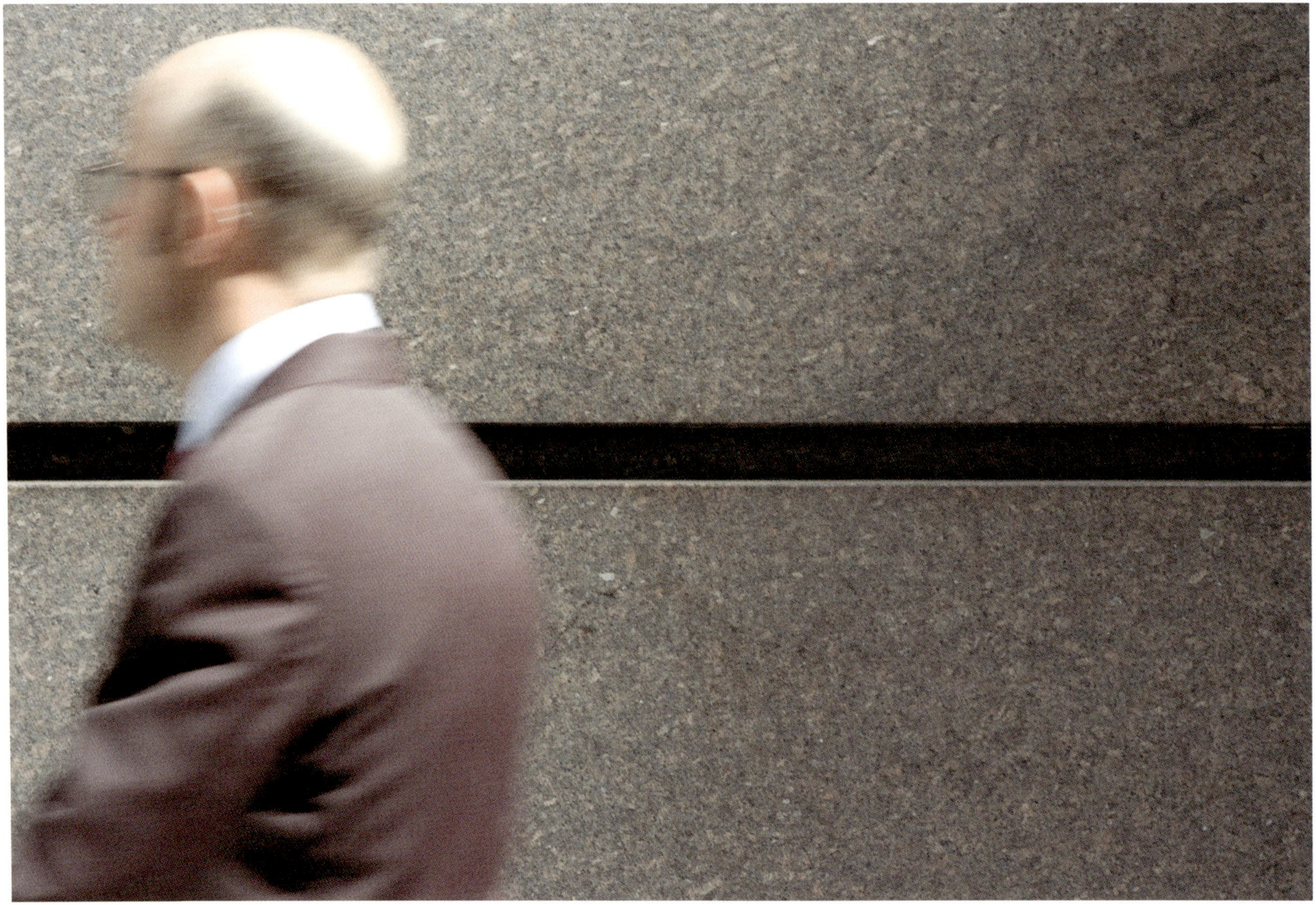

12 : 54 : 12

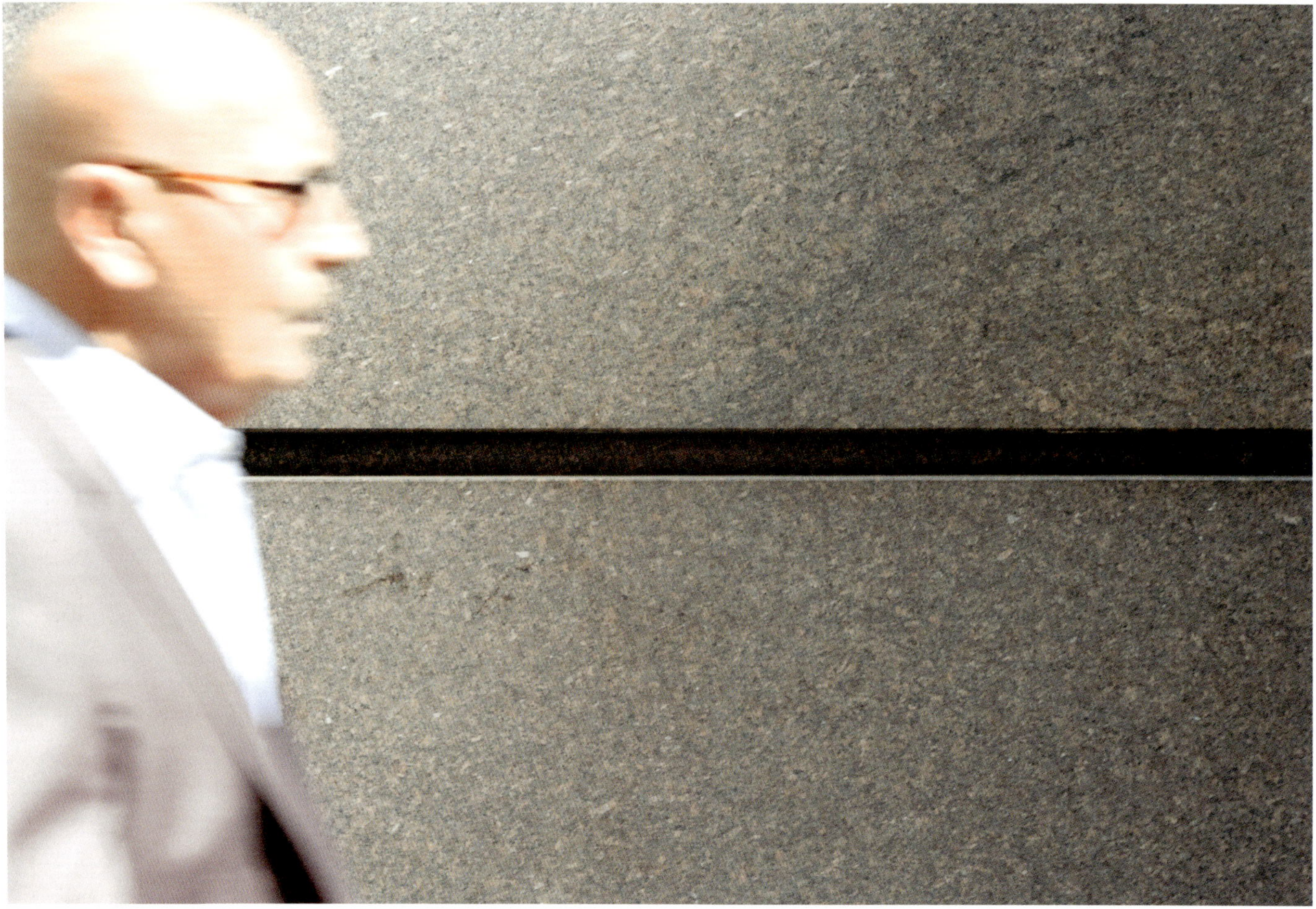

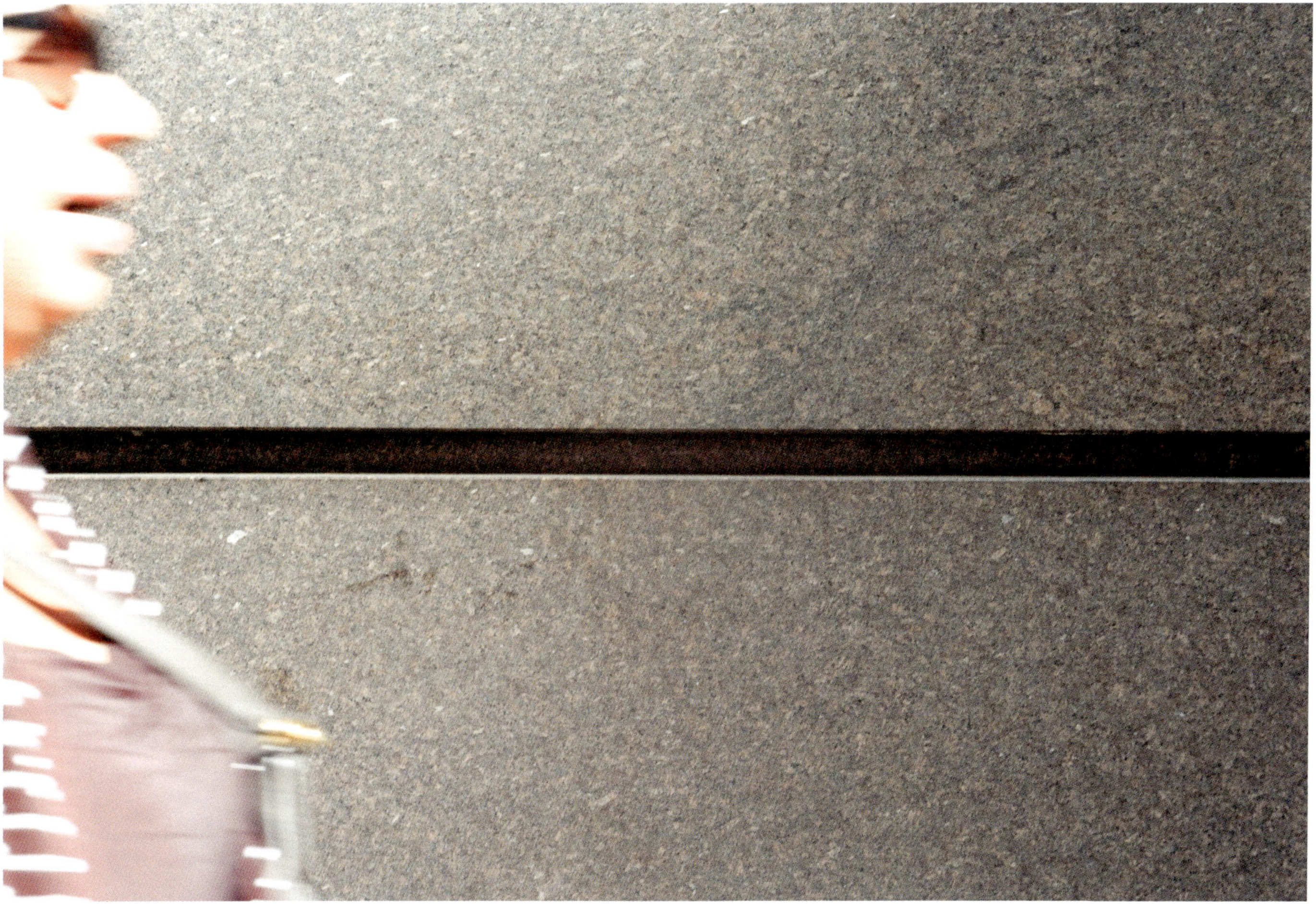

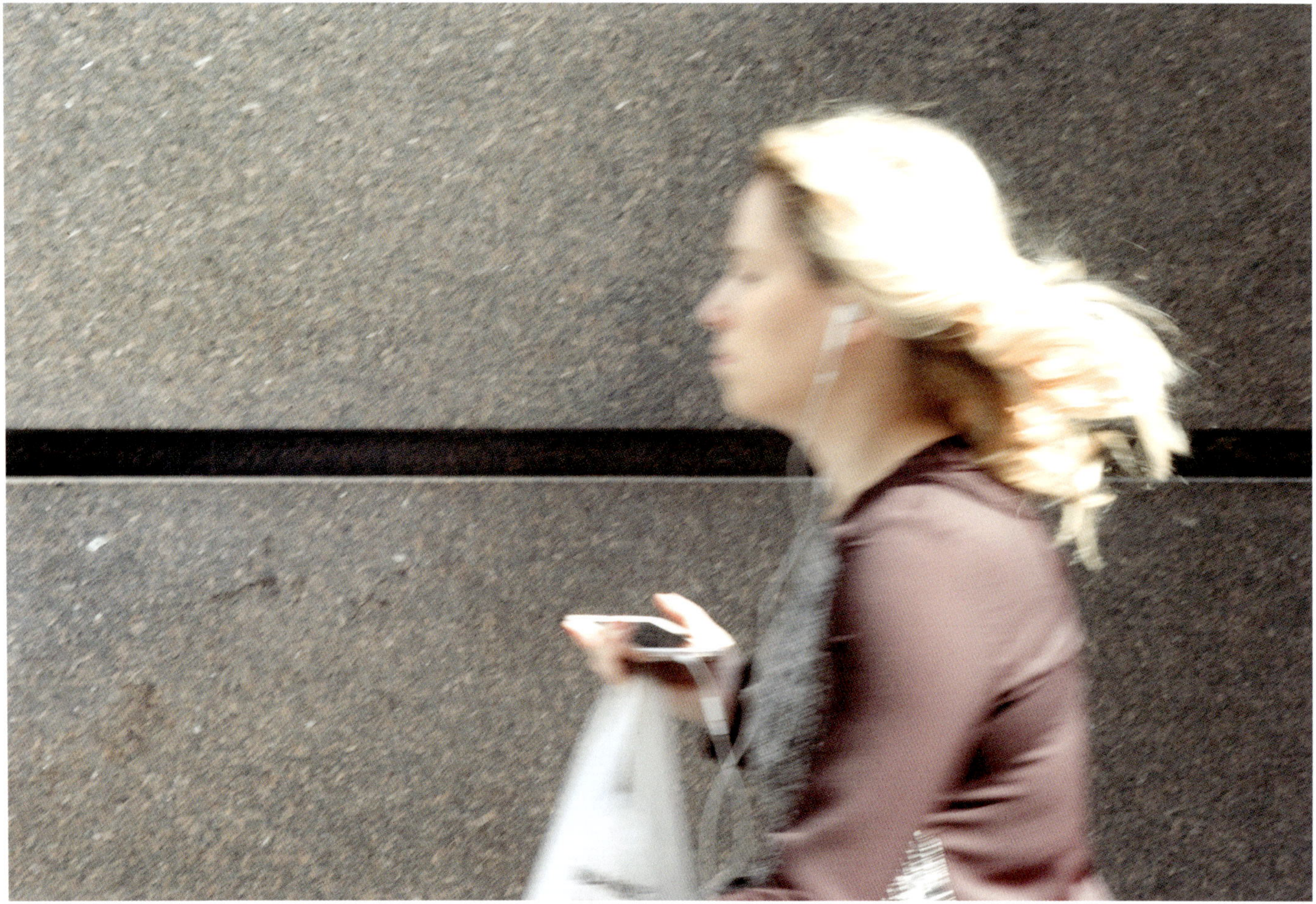

12 : 55 : 03

12 : 55 : 21

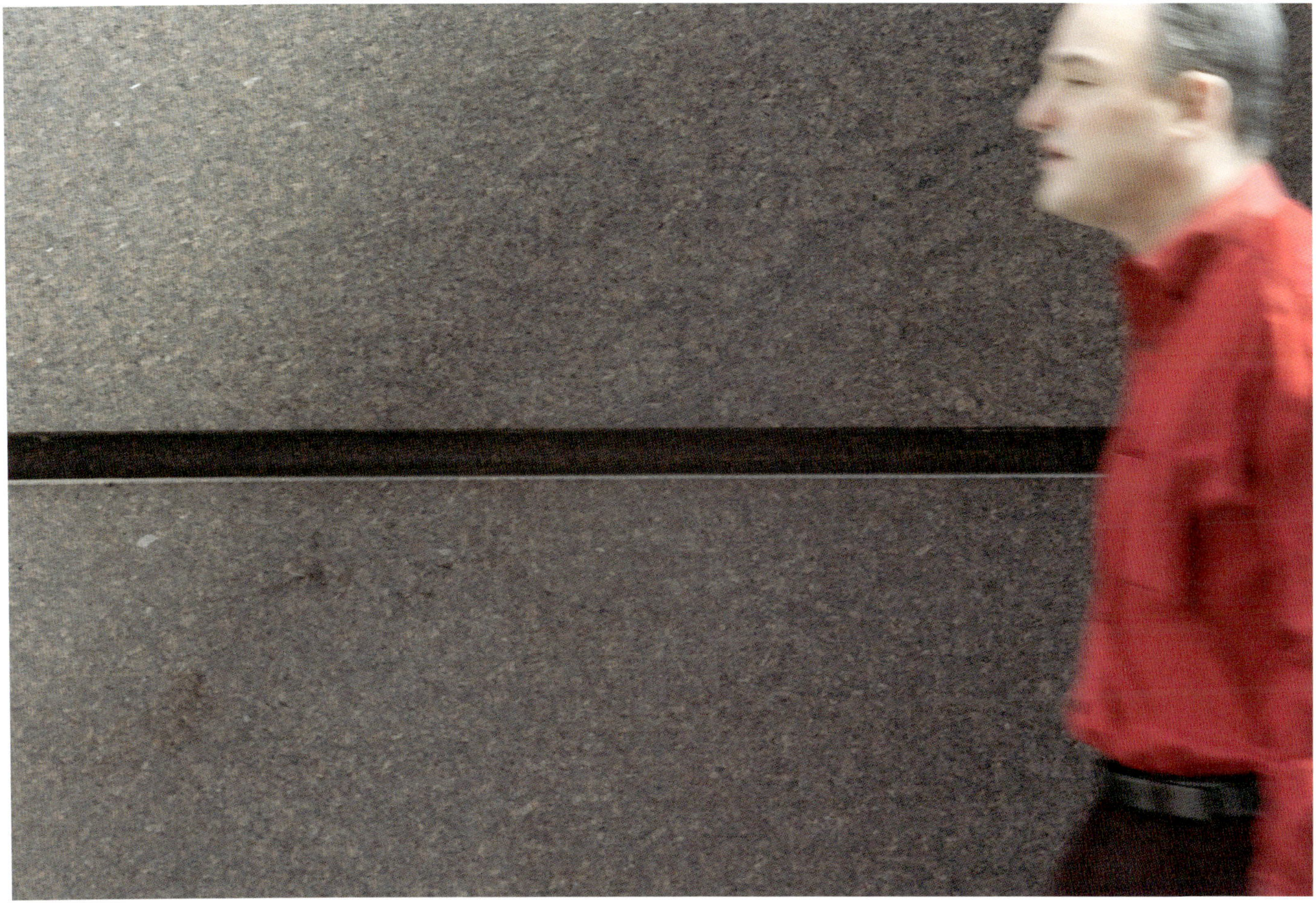

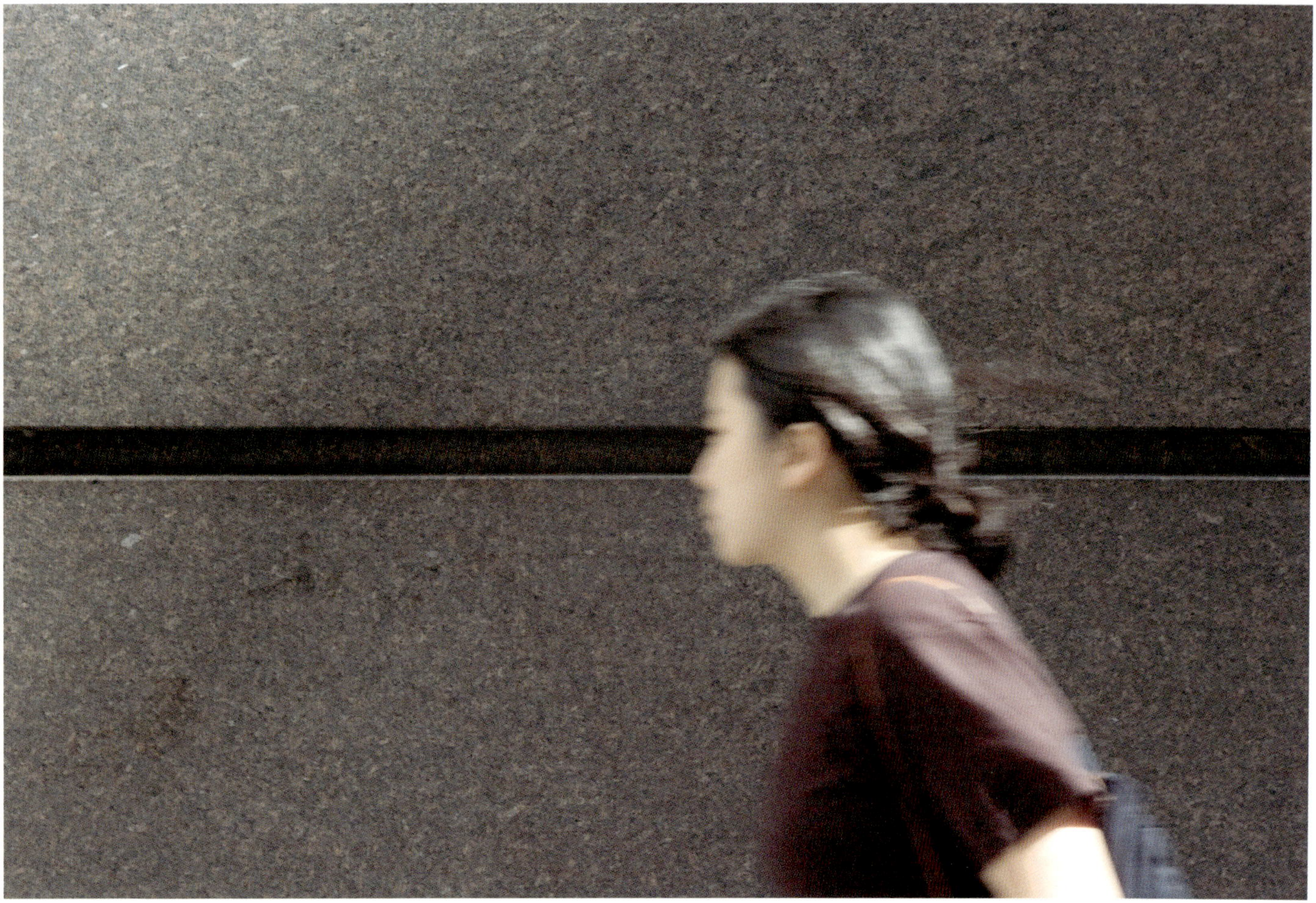

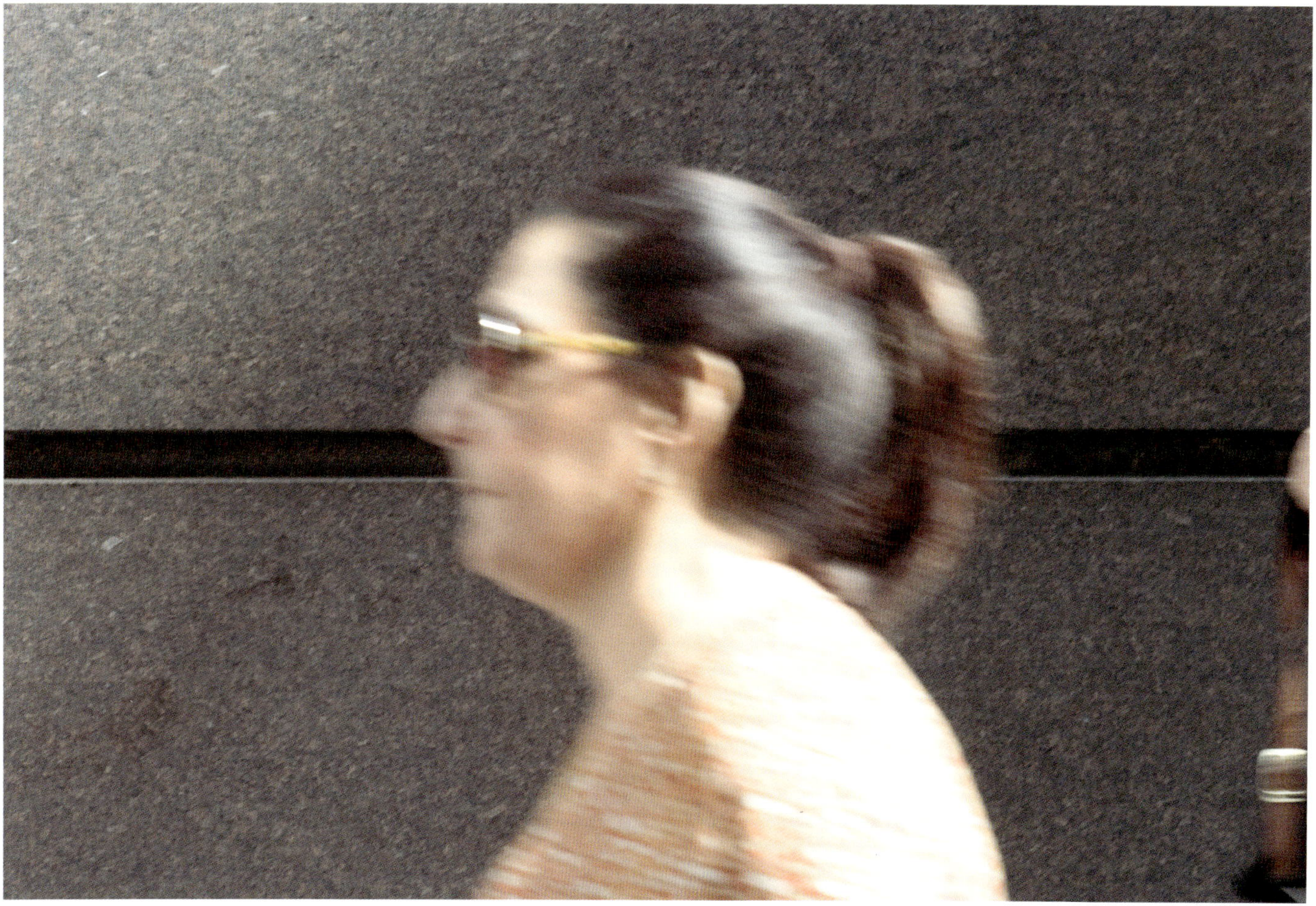

12 : 55 : 42

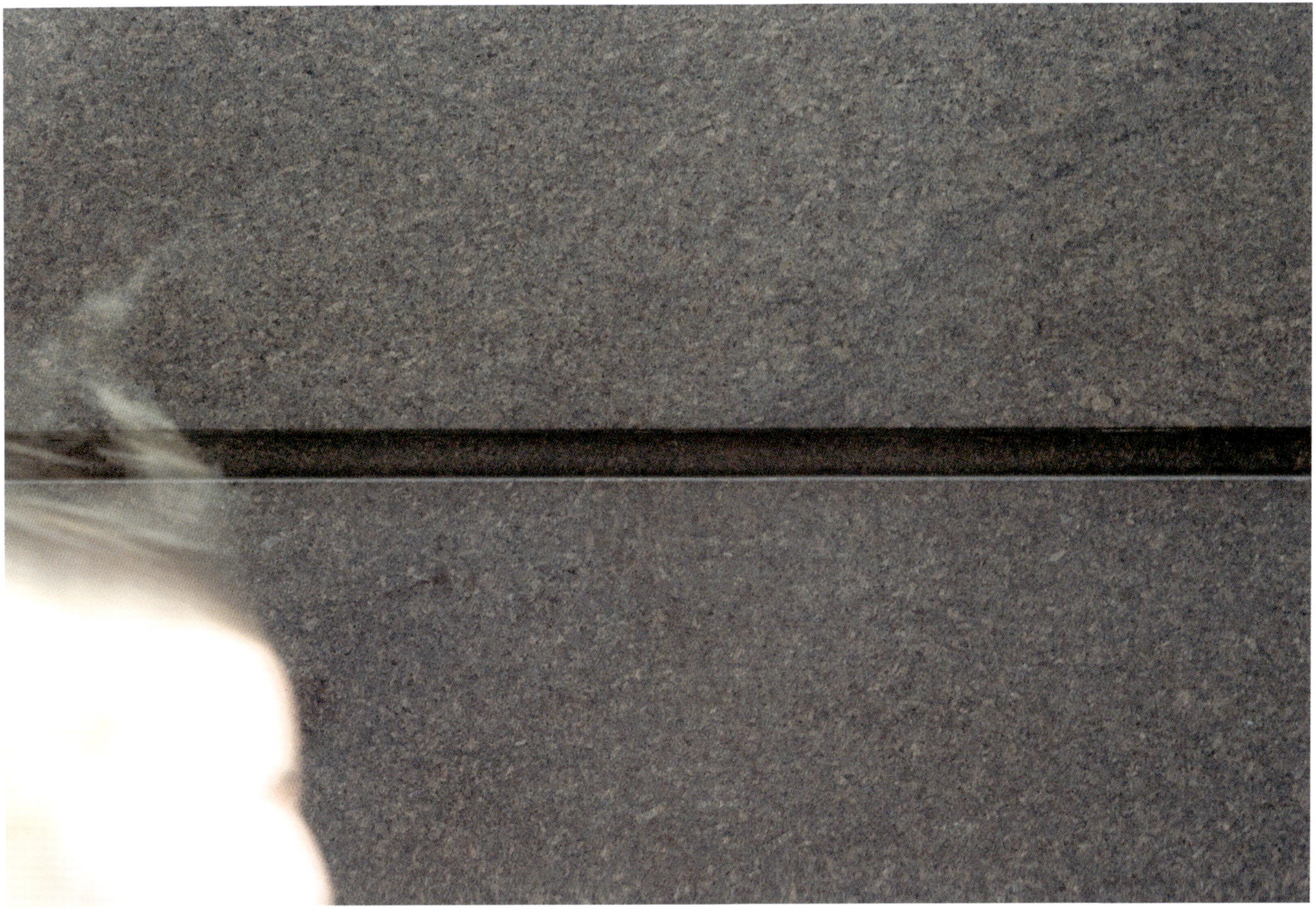

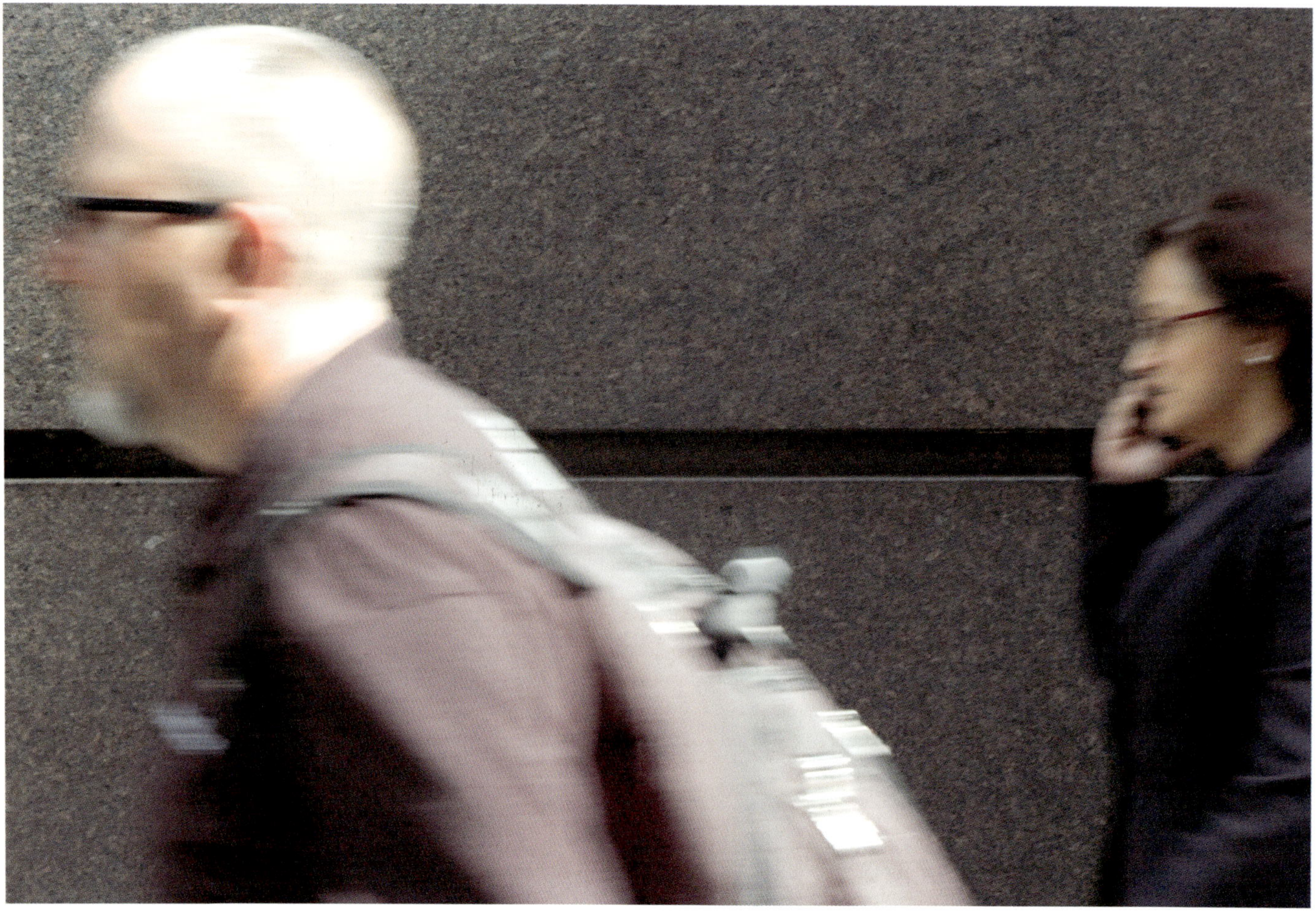

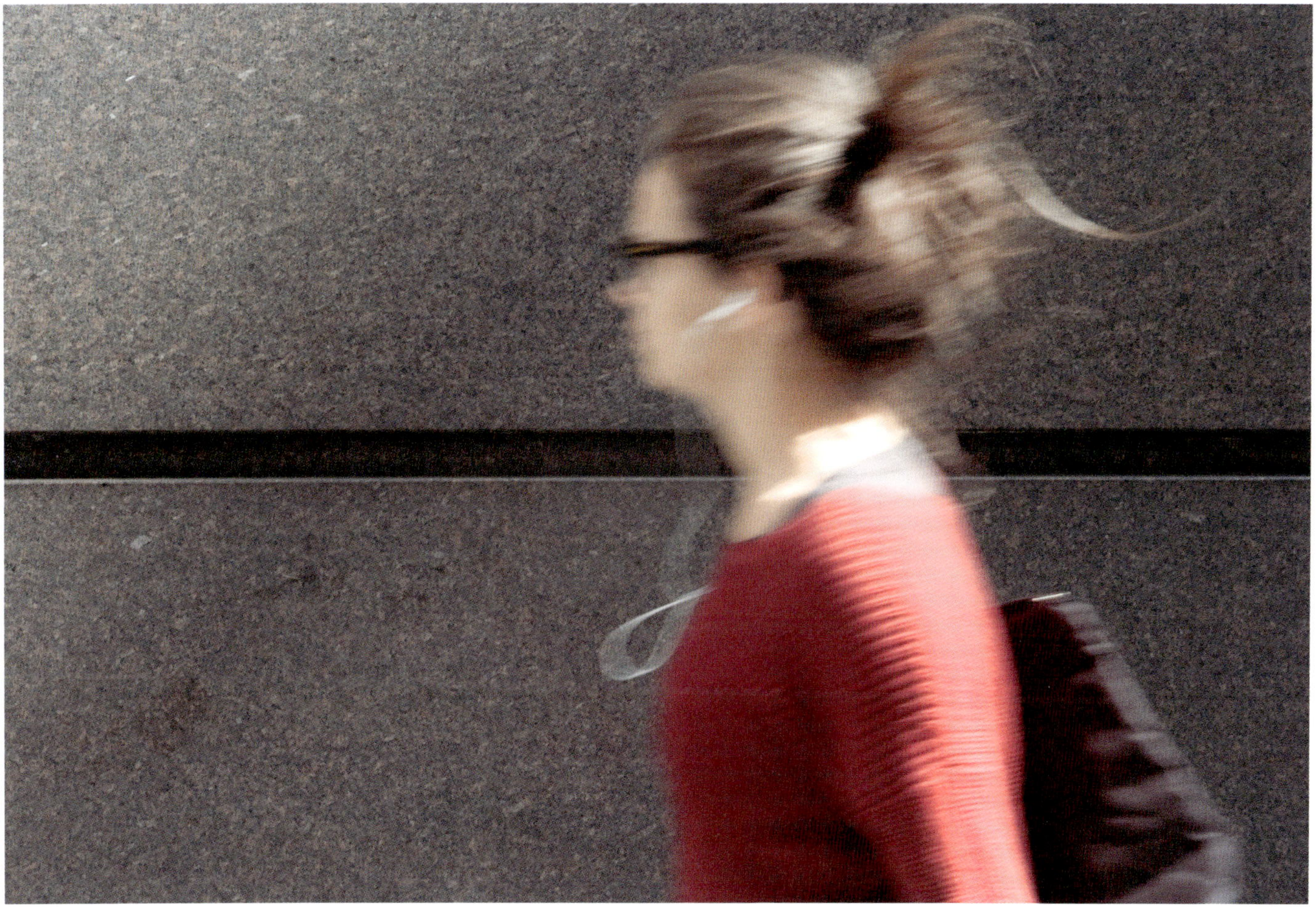

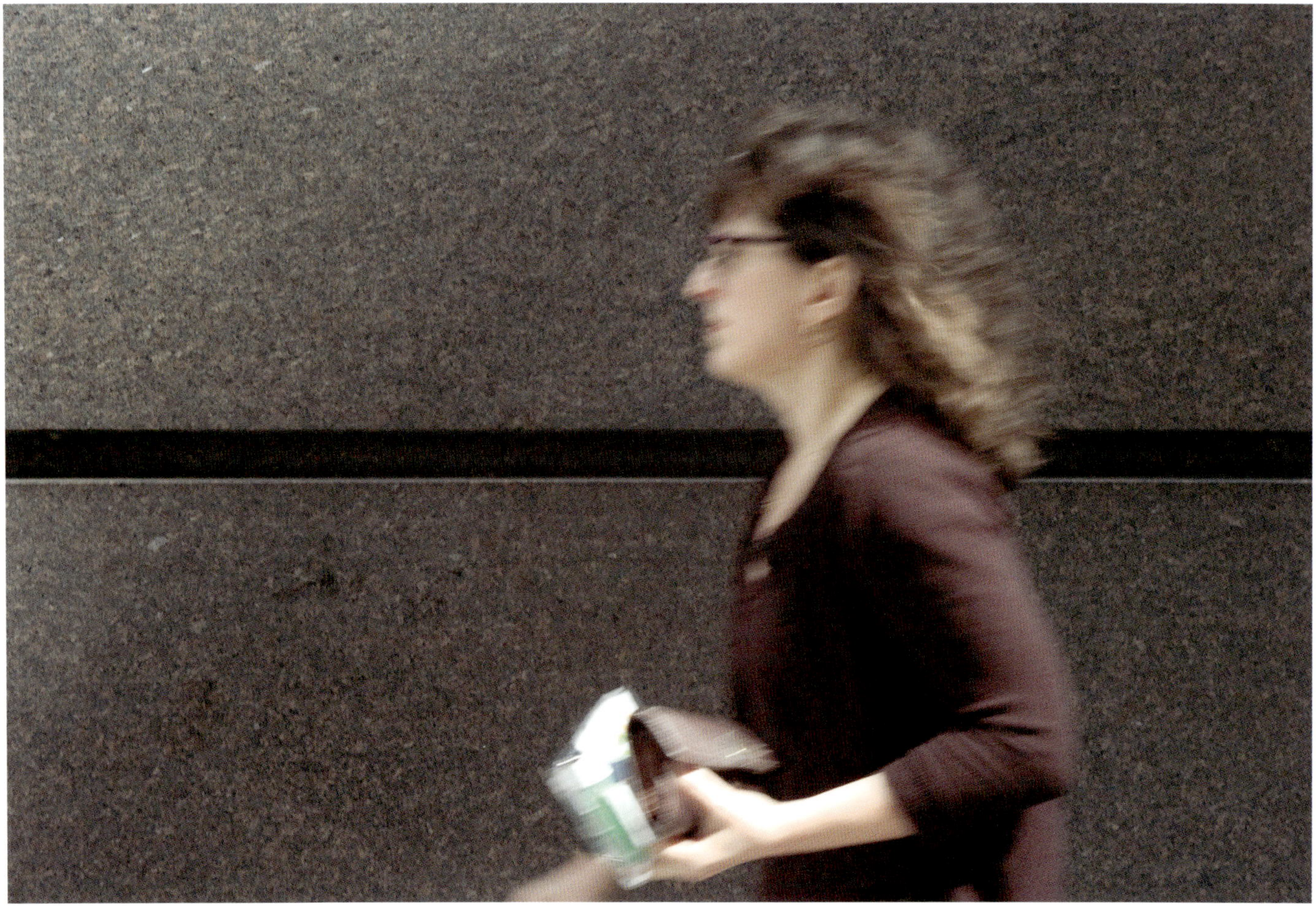

12 : 56 : 28

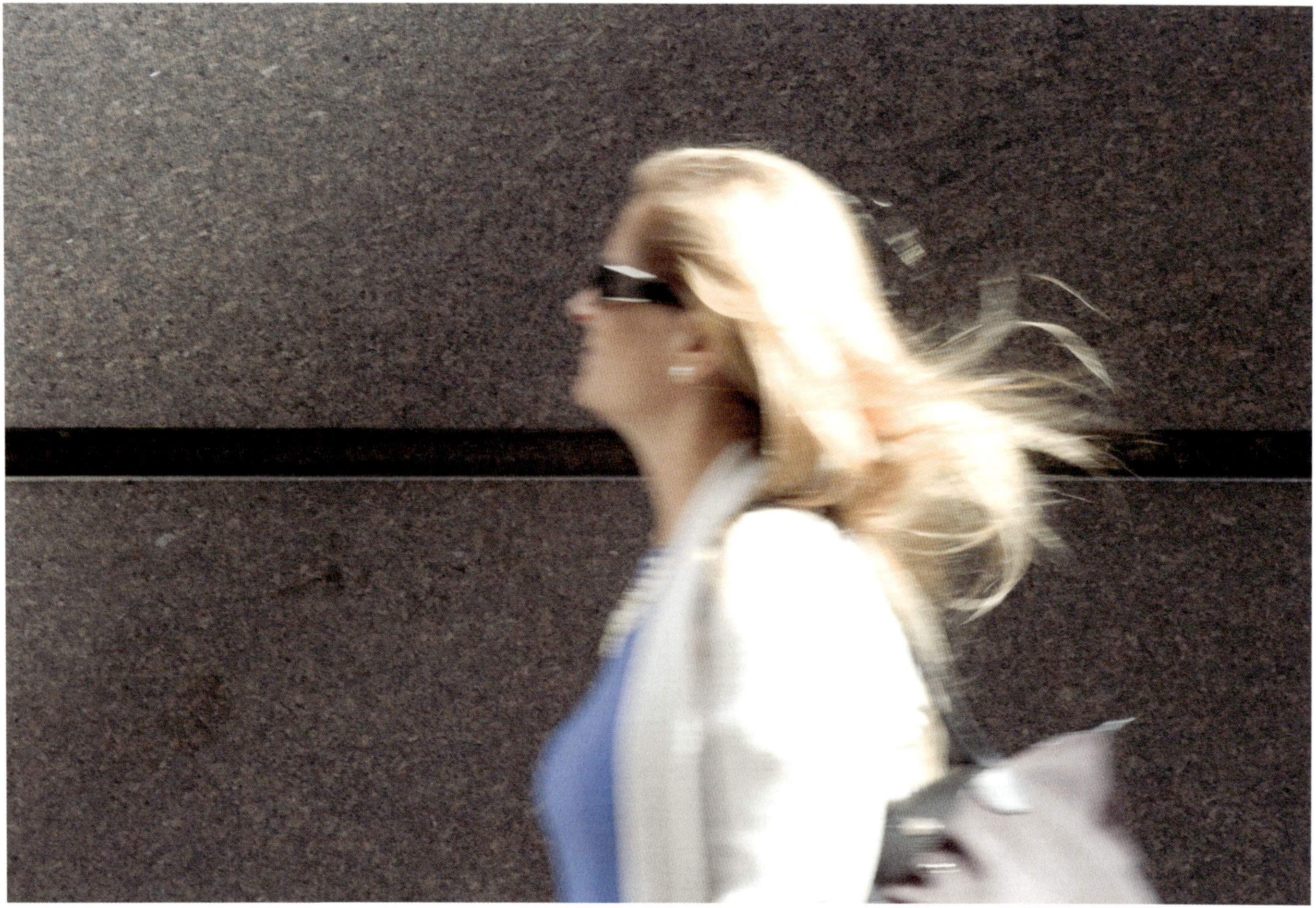

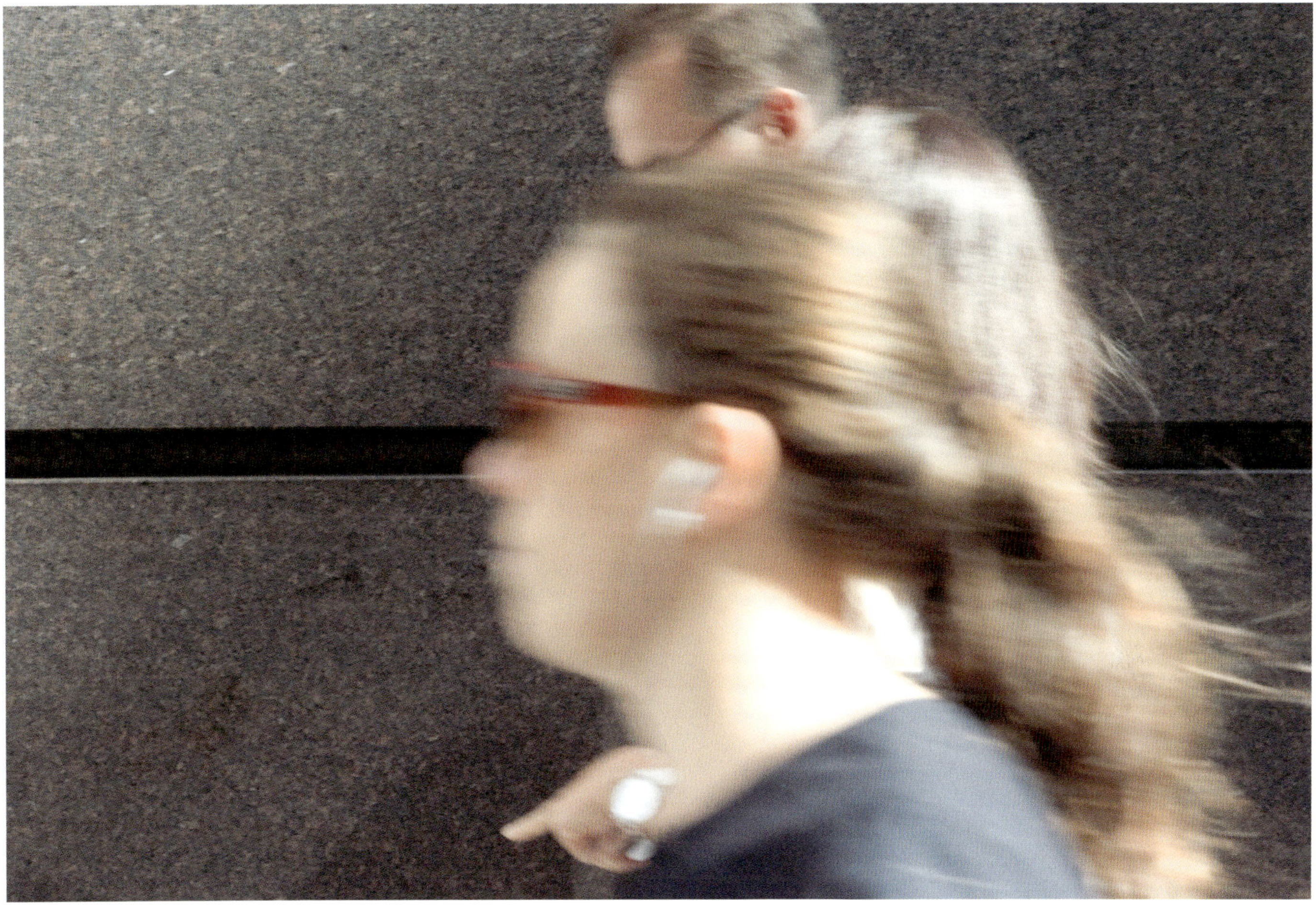

12 : 56 : 48

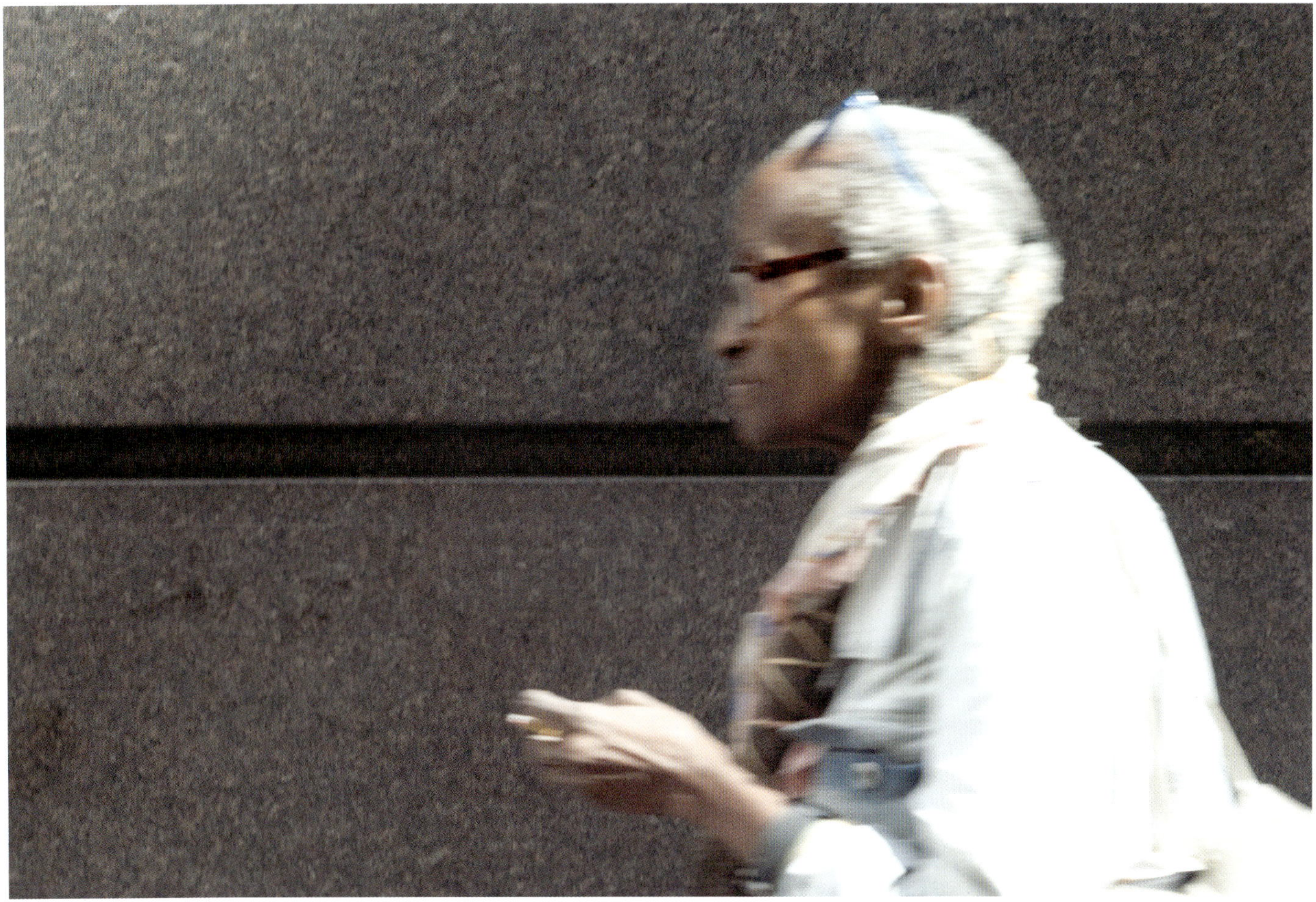

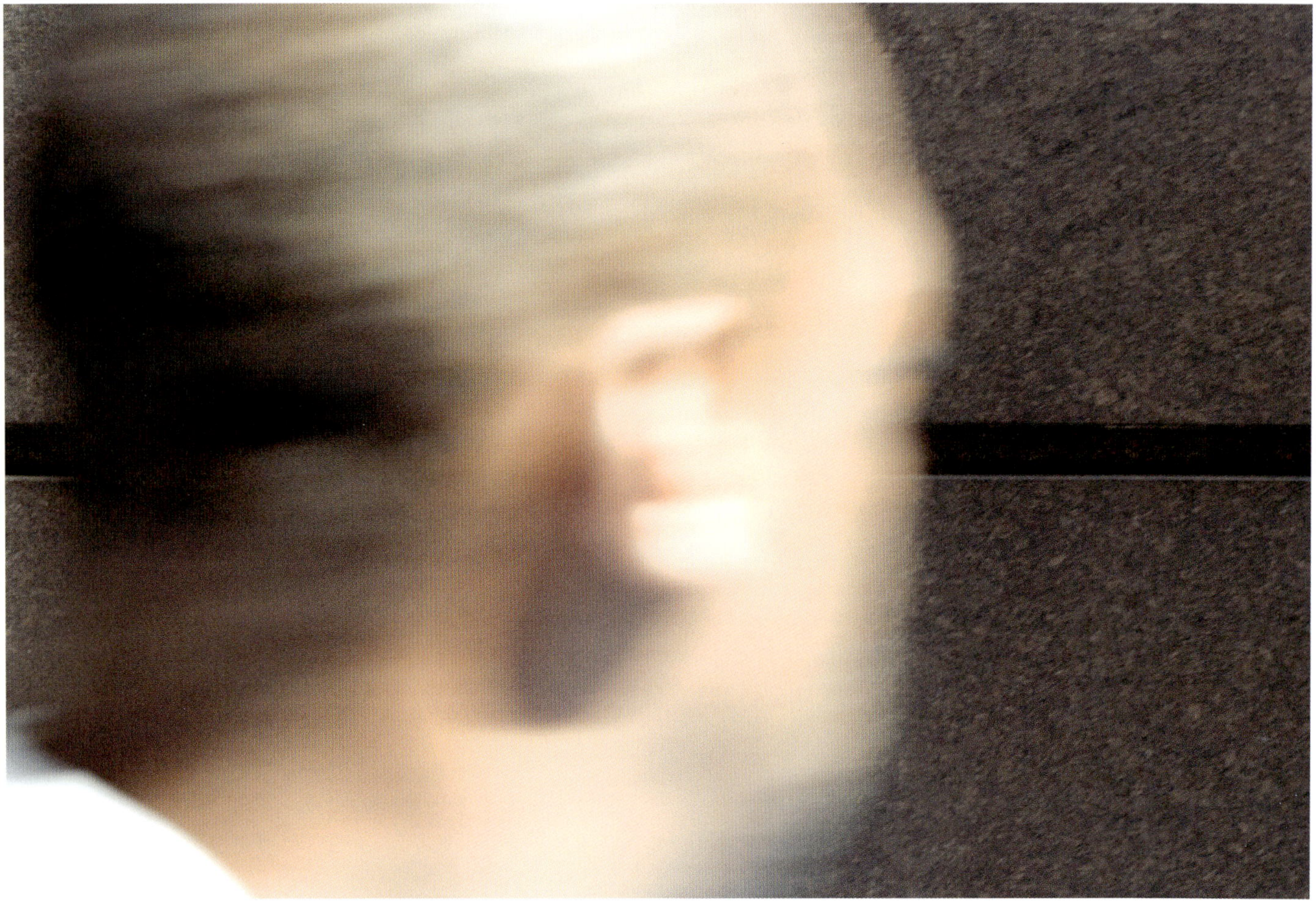

12 : 56 : 58

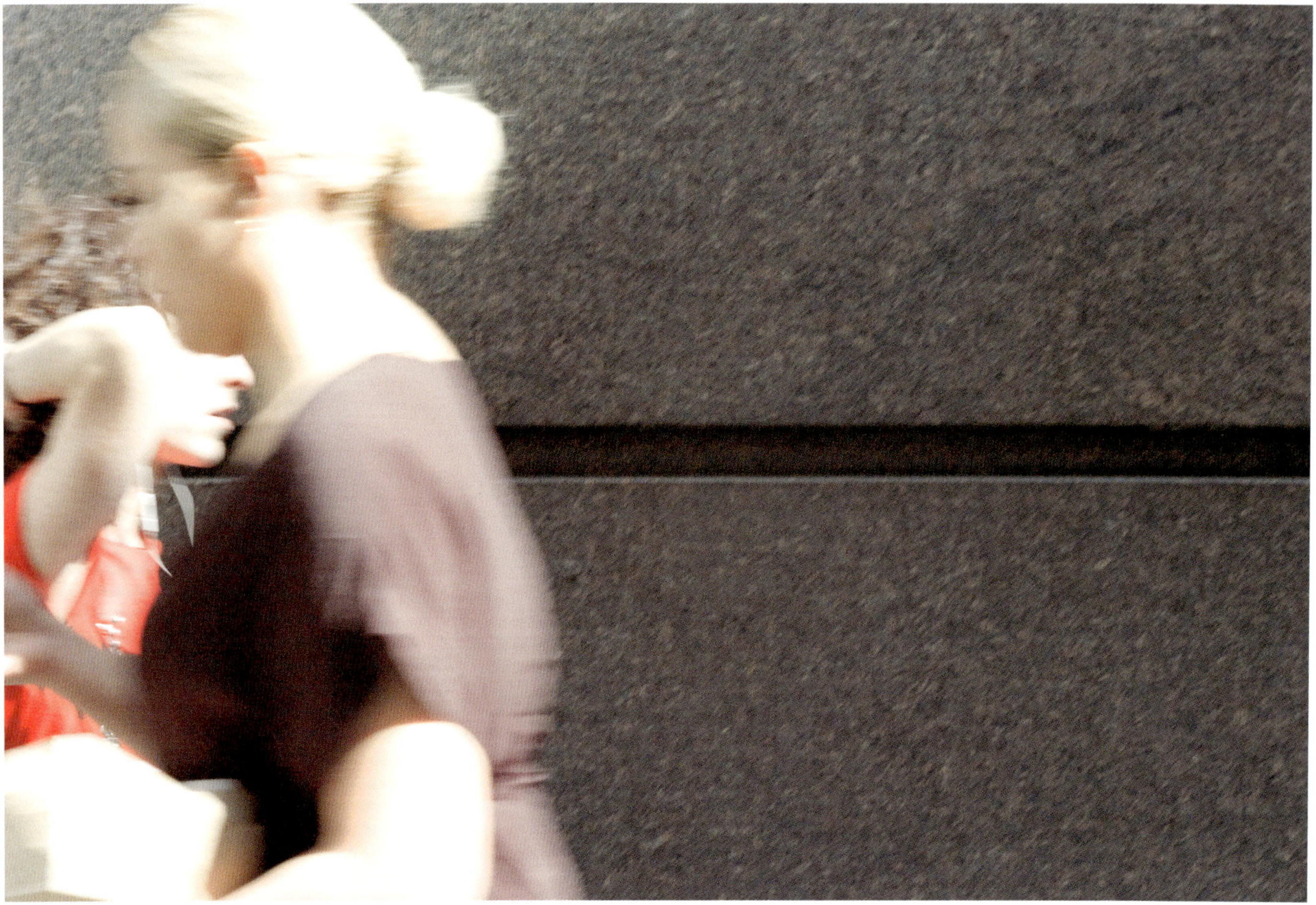

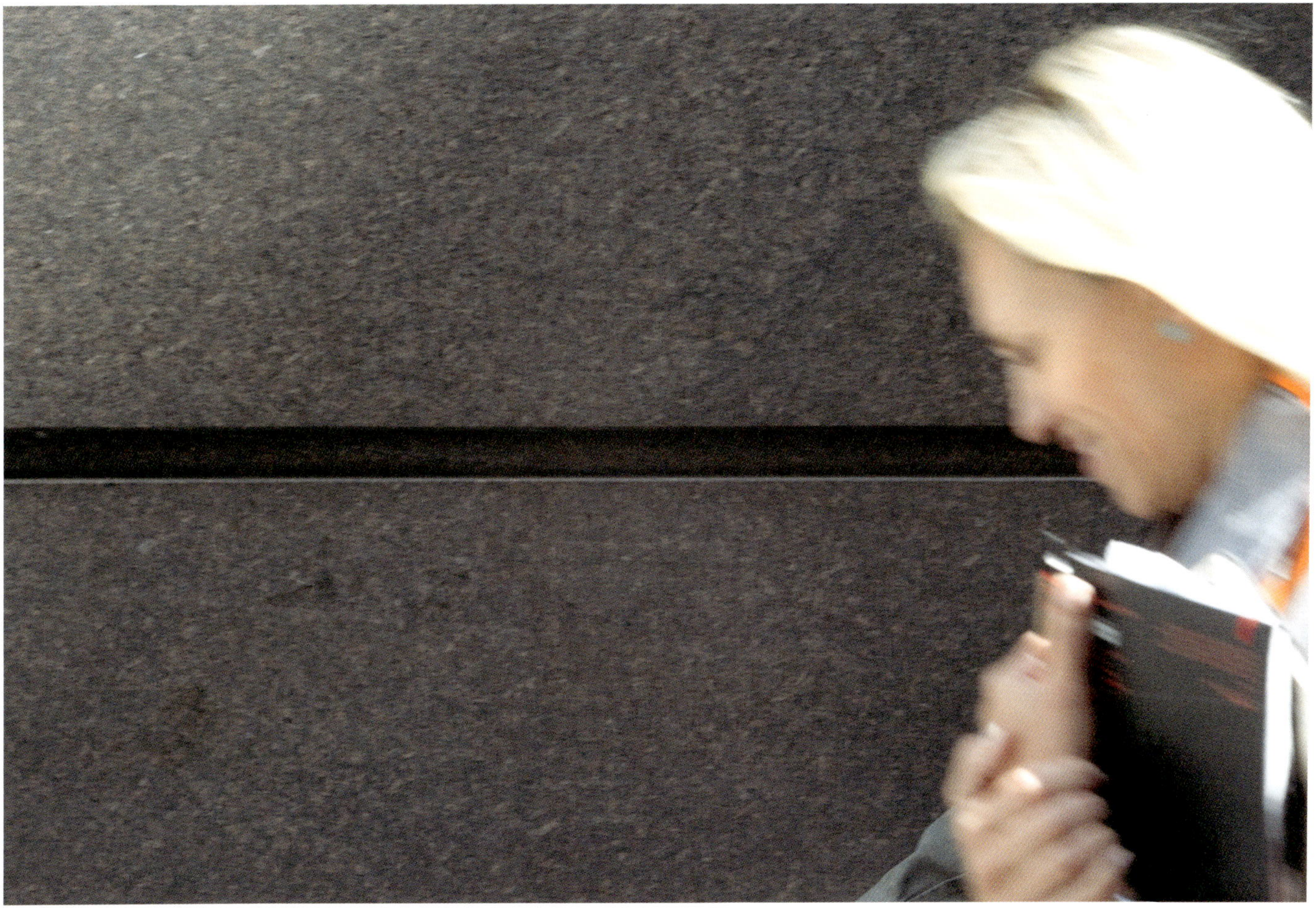

12 : 57 : 08

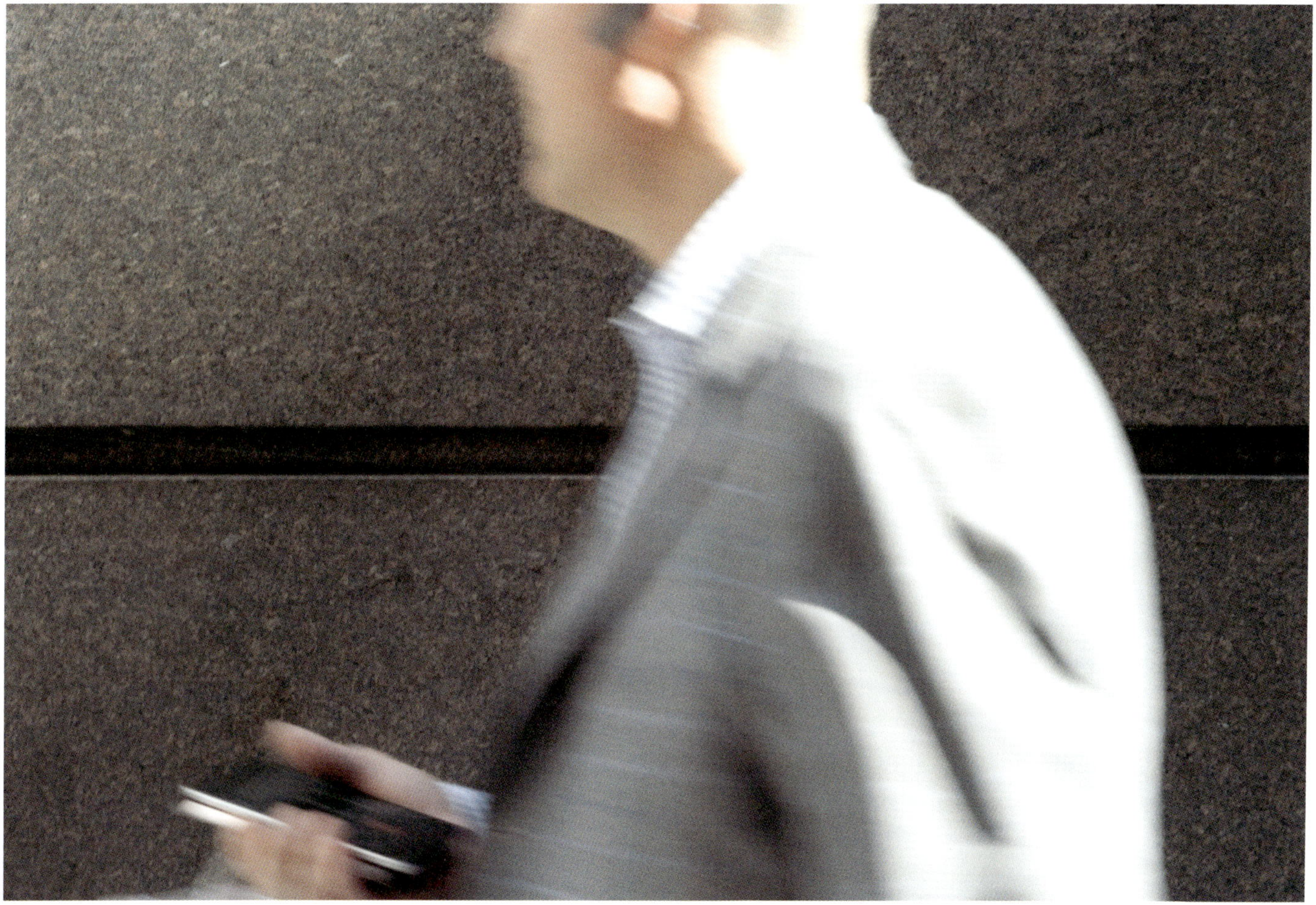

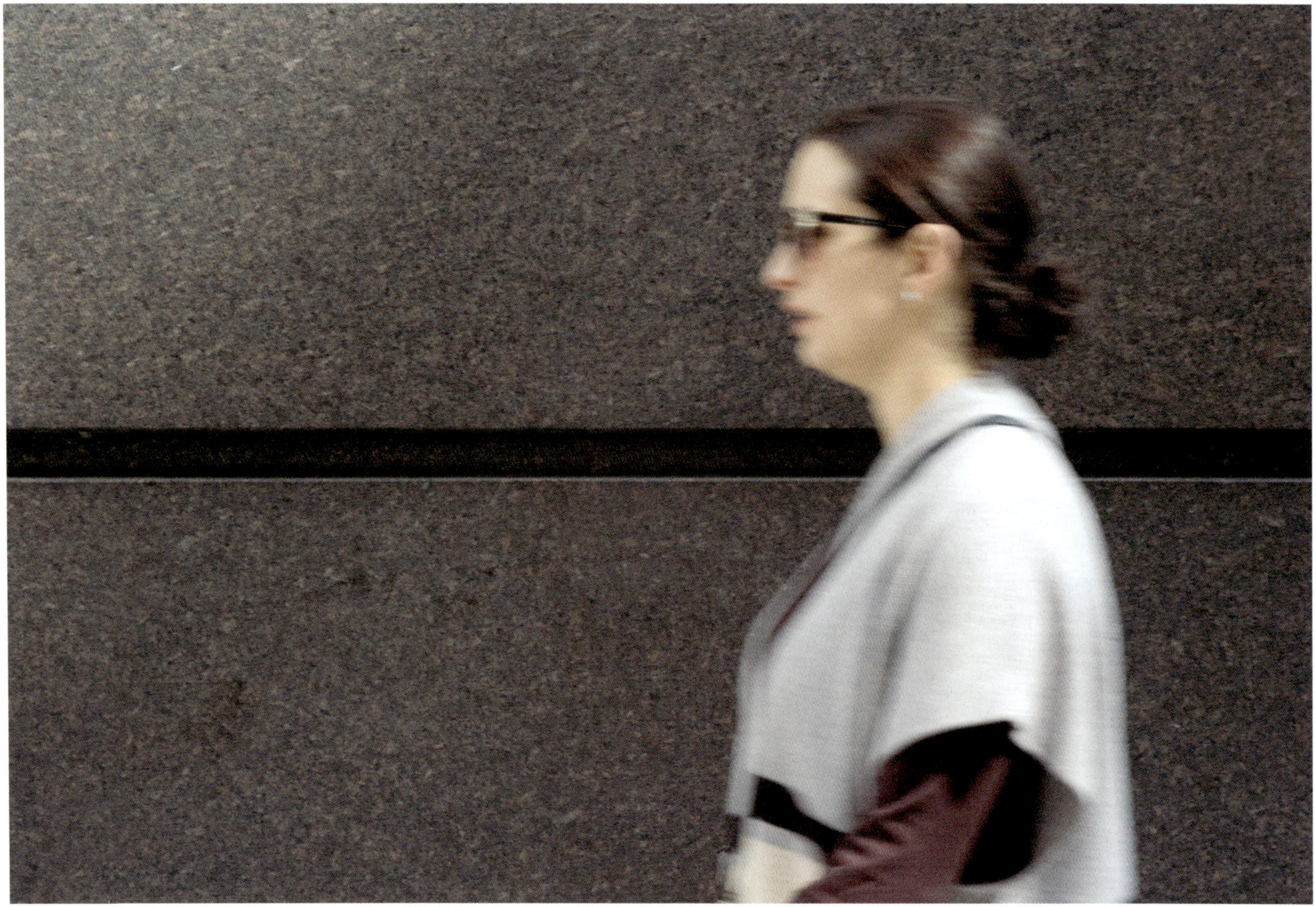

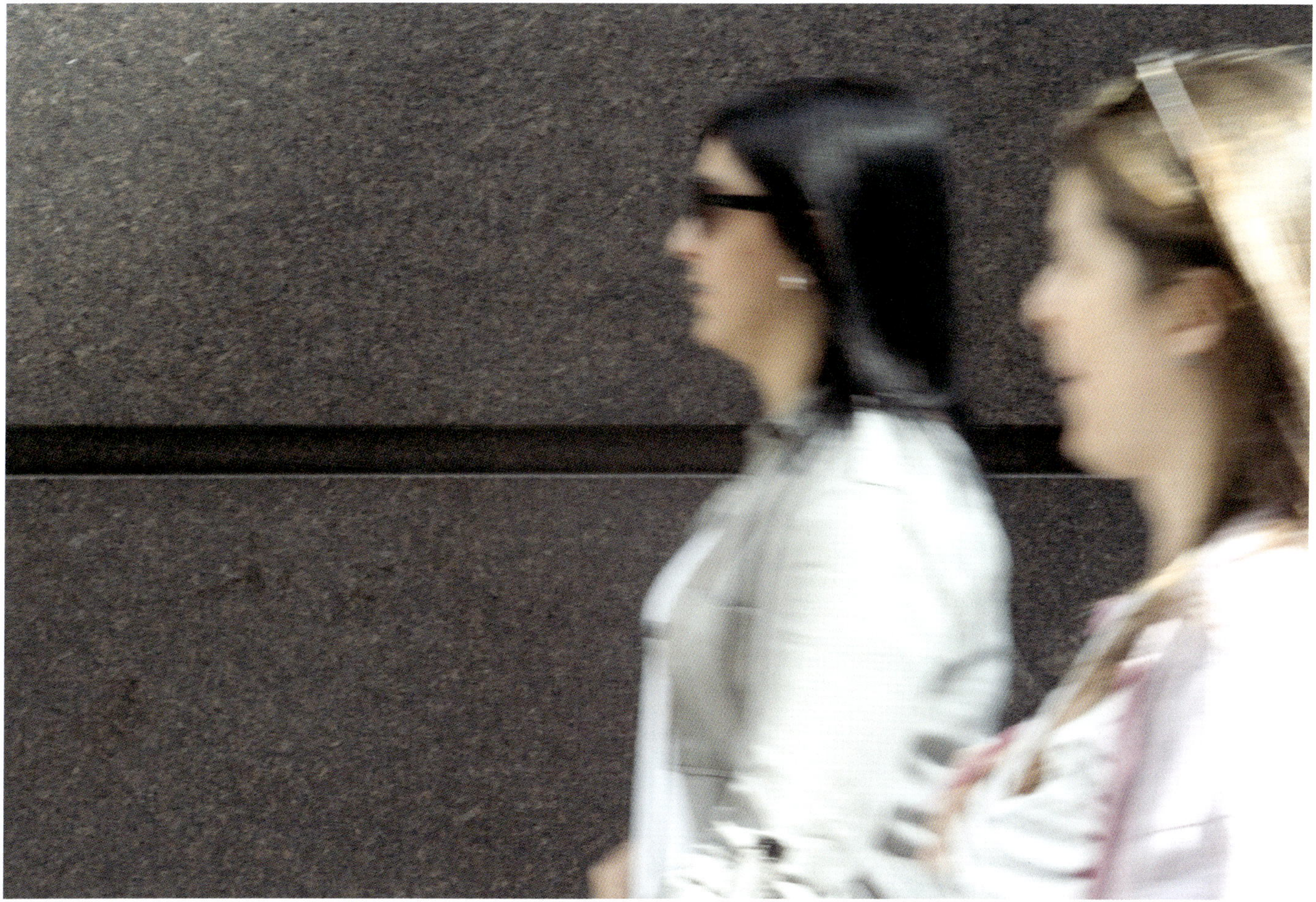

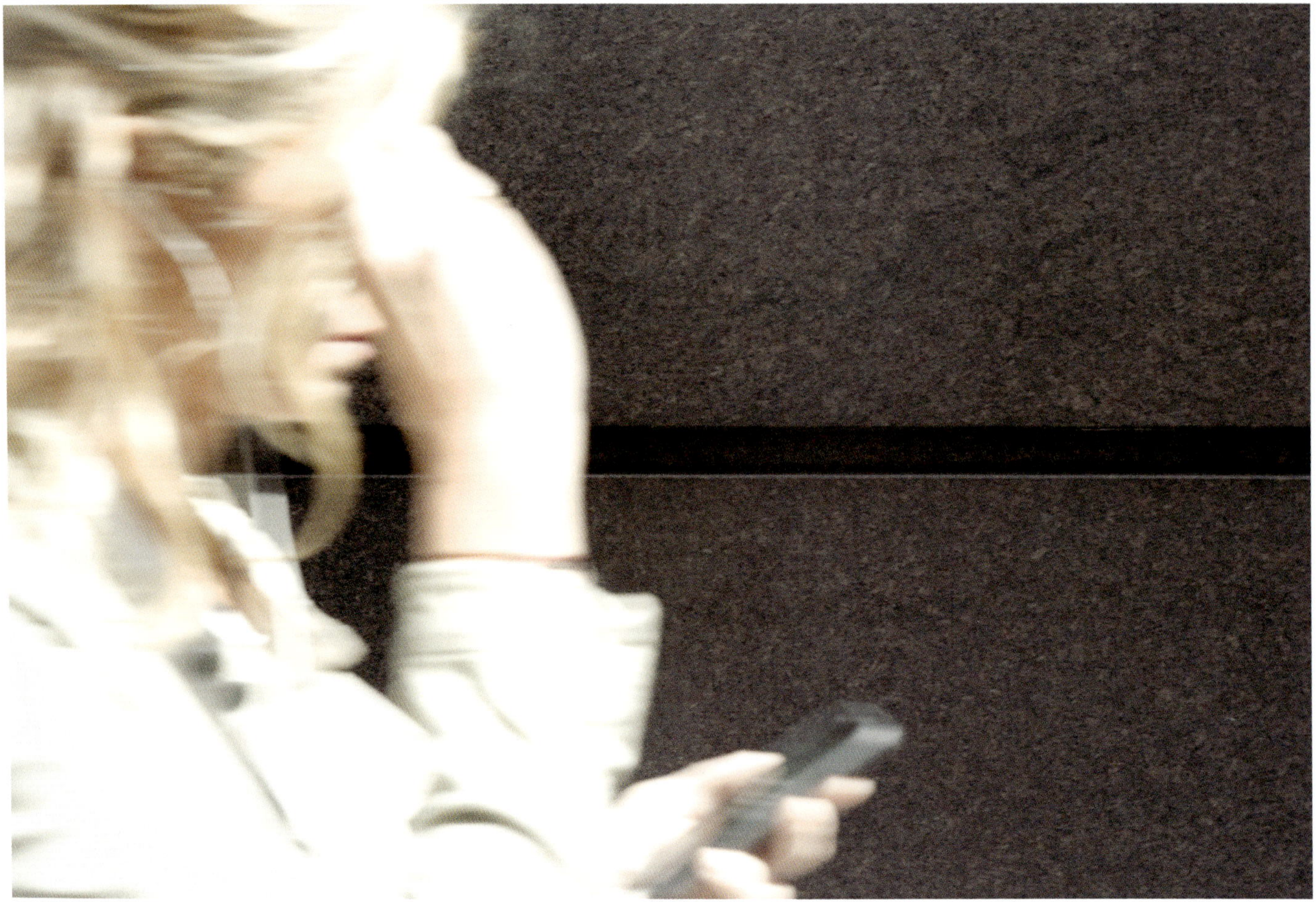

12 : 57 : 32

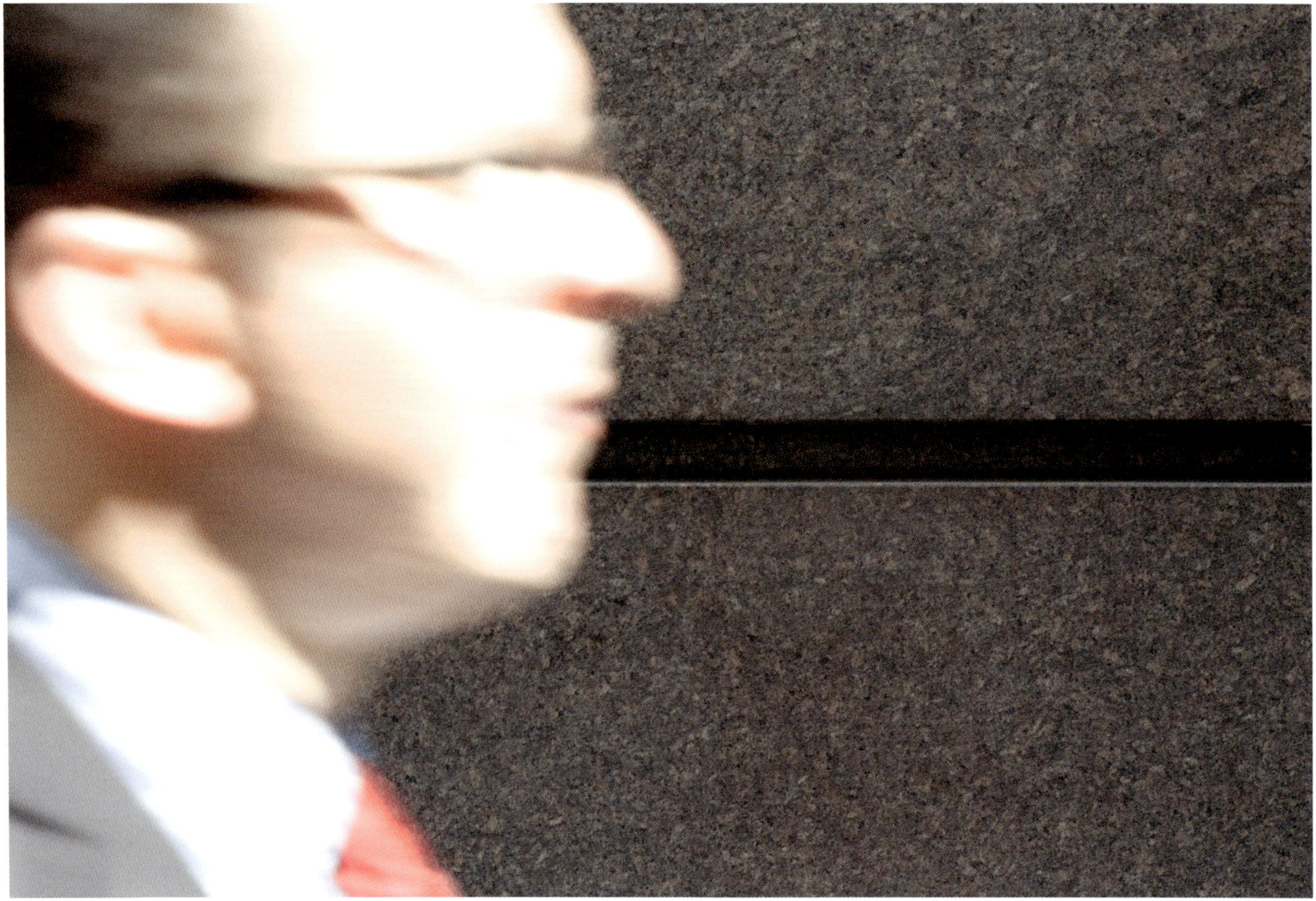

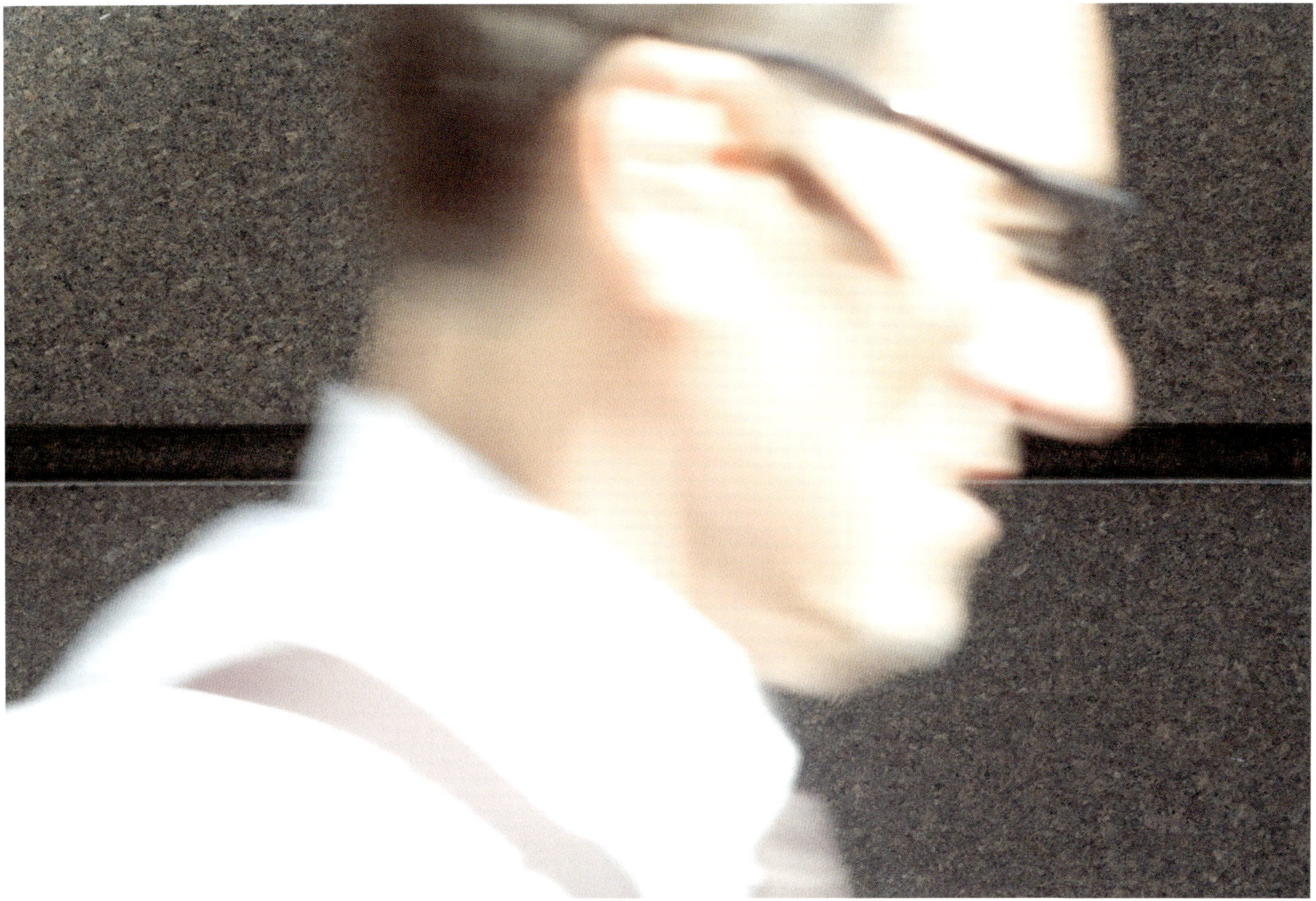

12 : 57 : 46

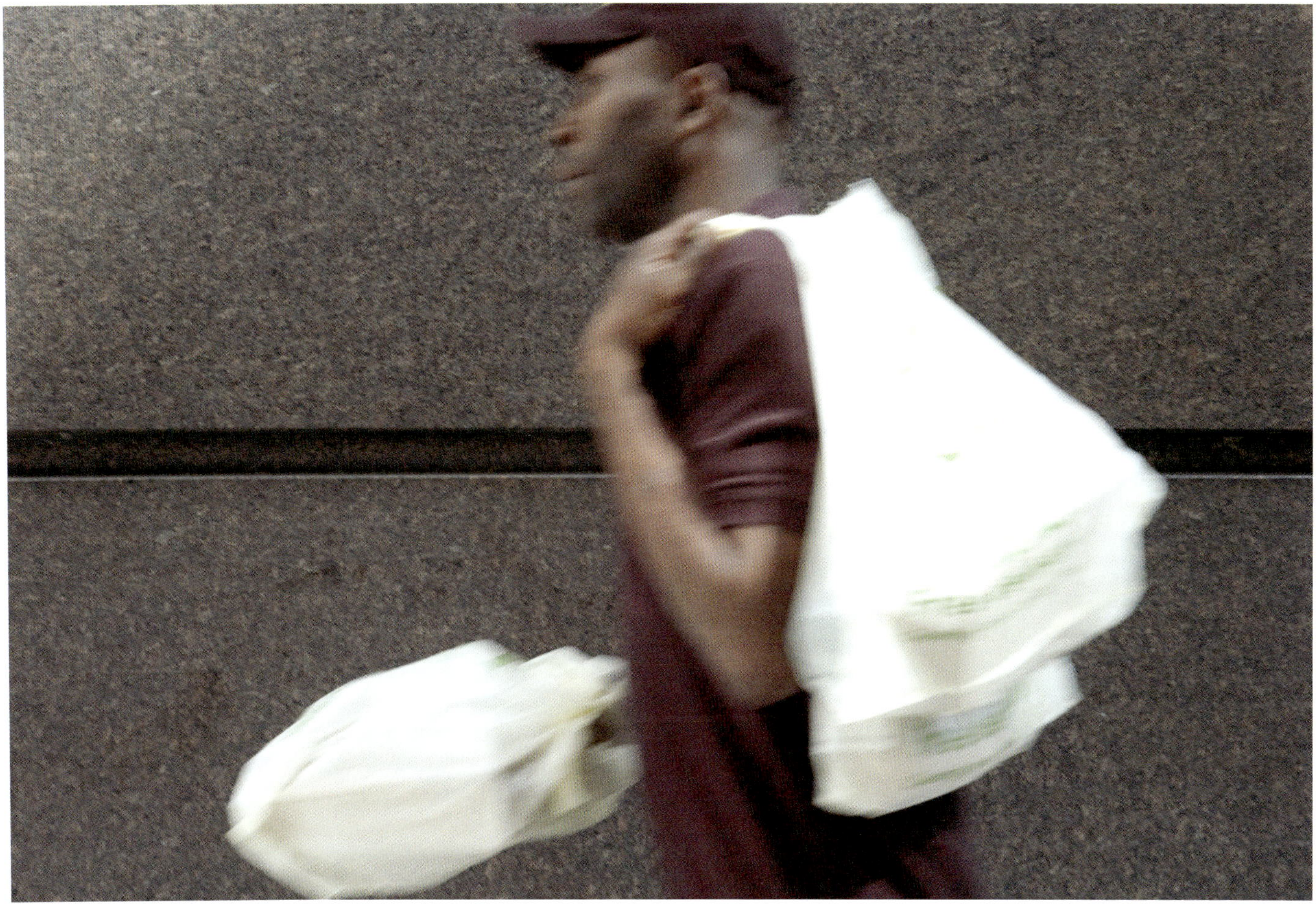

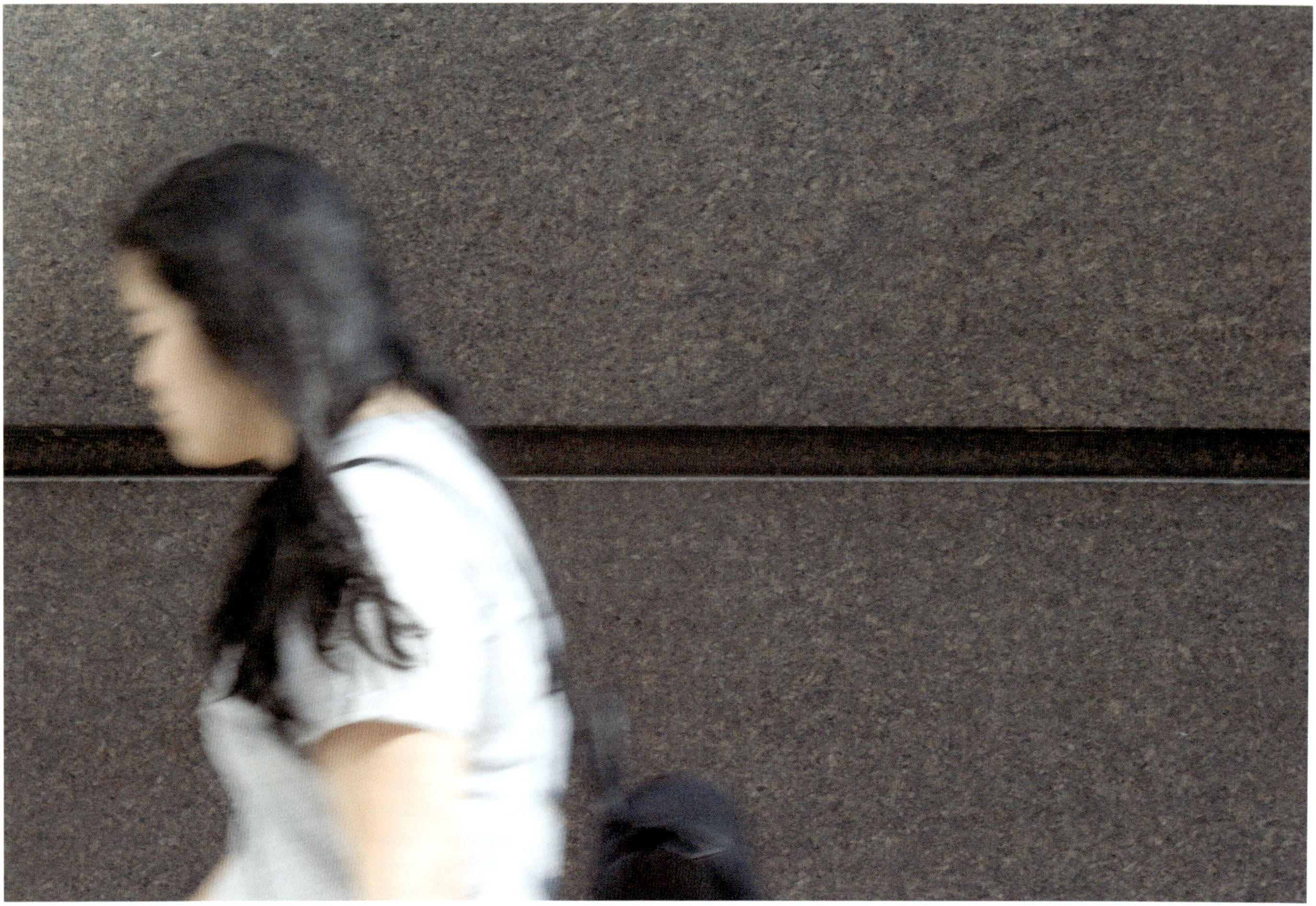

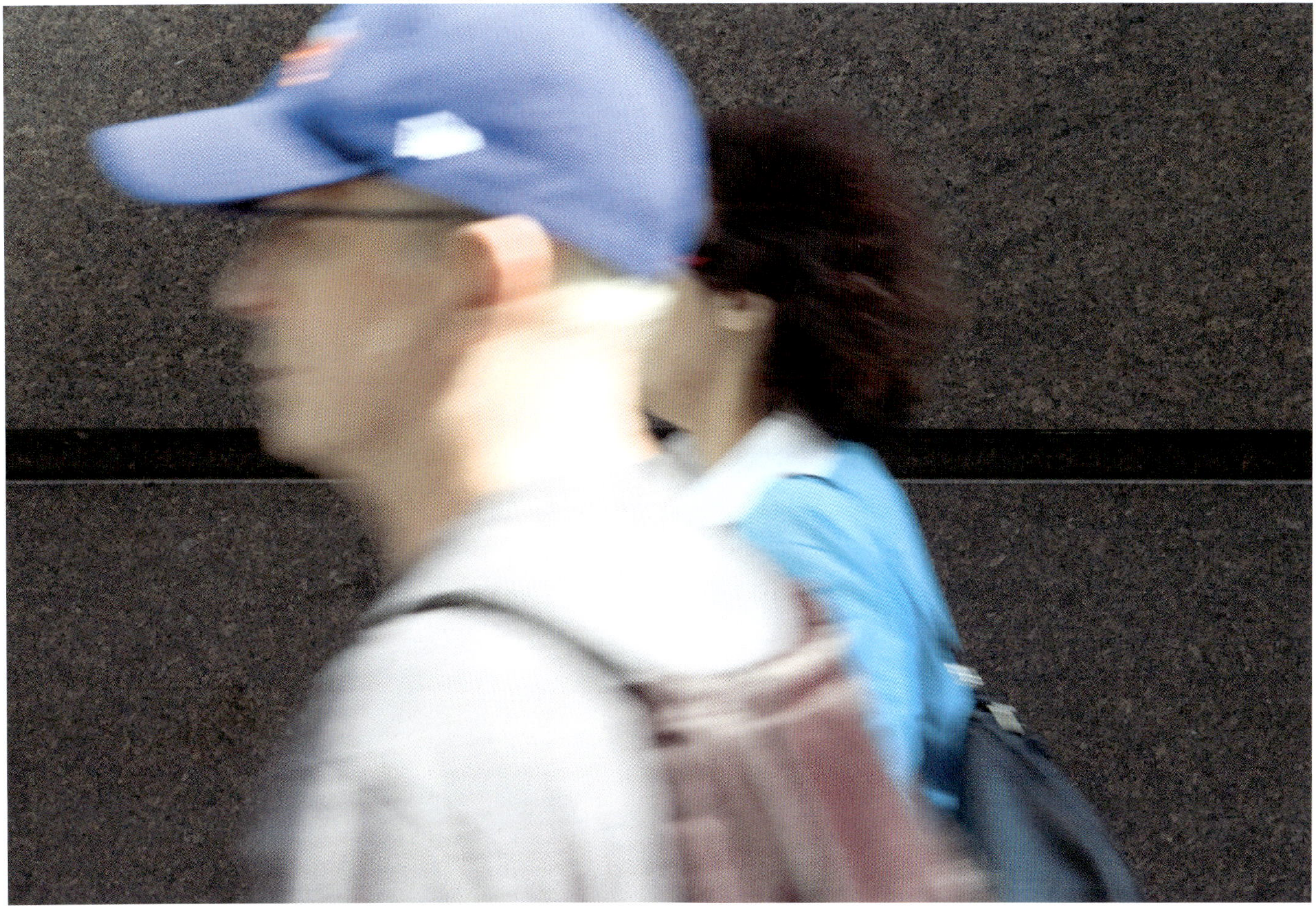

12 : 57 : 58

12 : 58 : 04

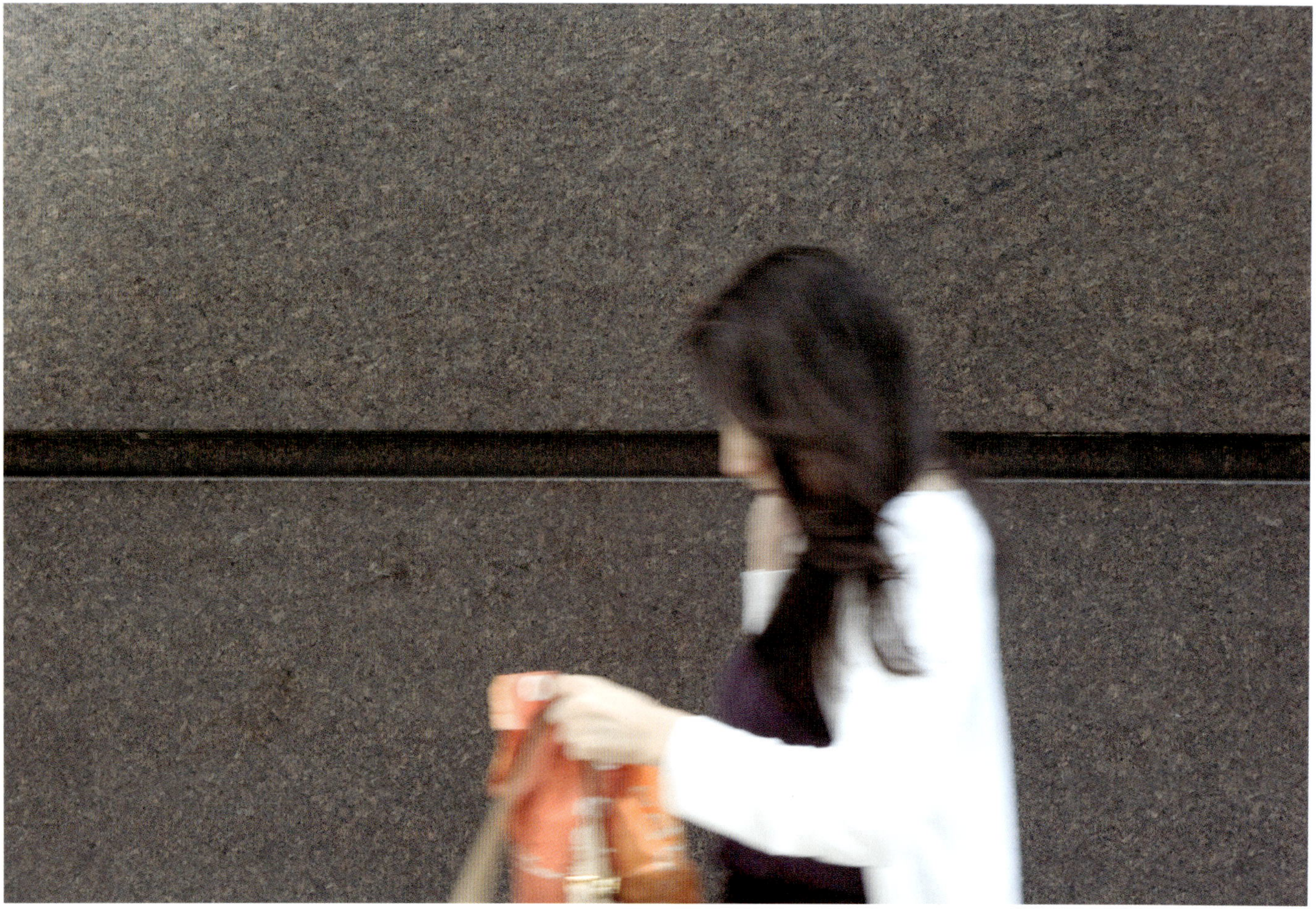

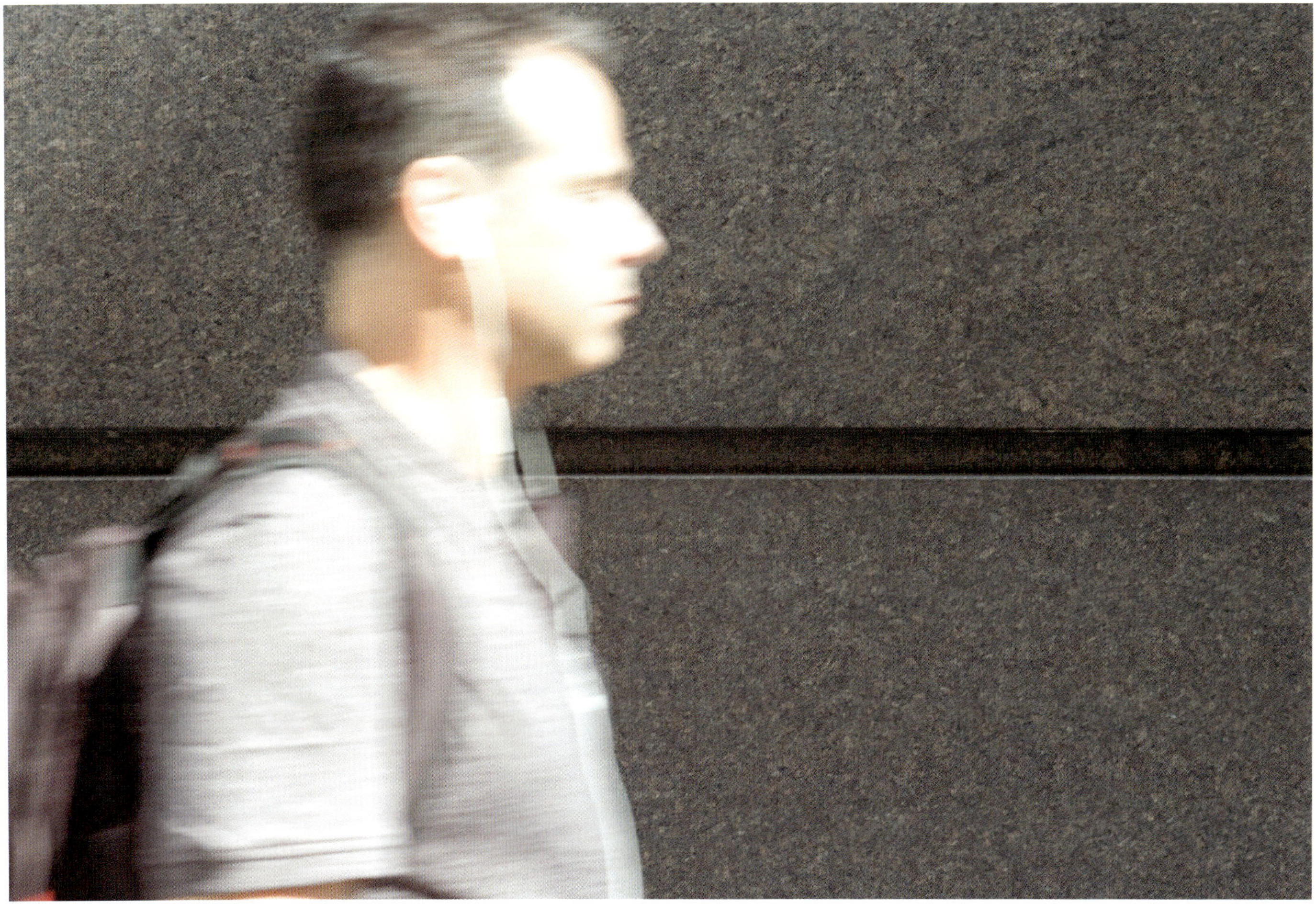

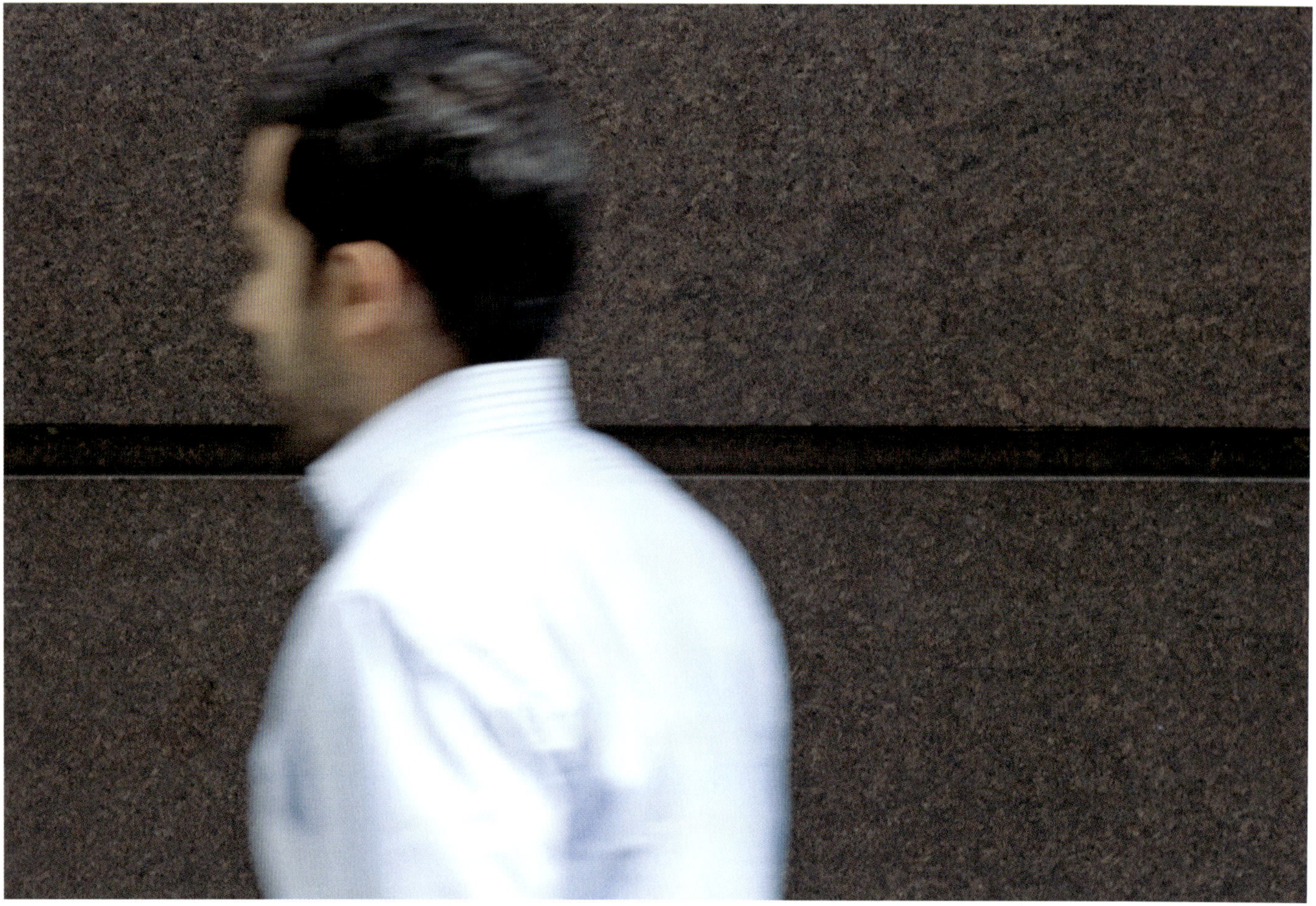

12 : 58 : 27

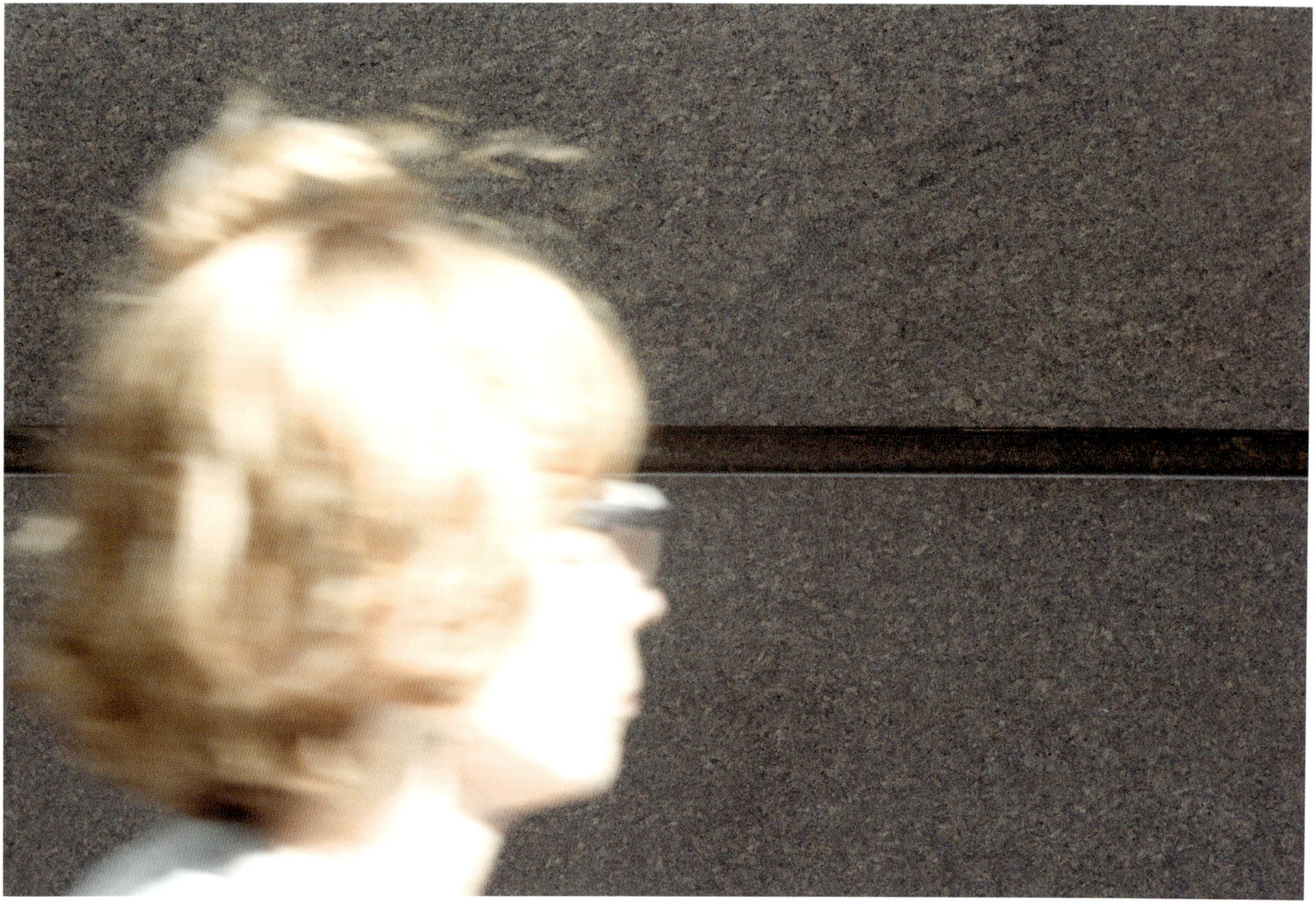

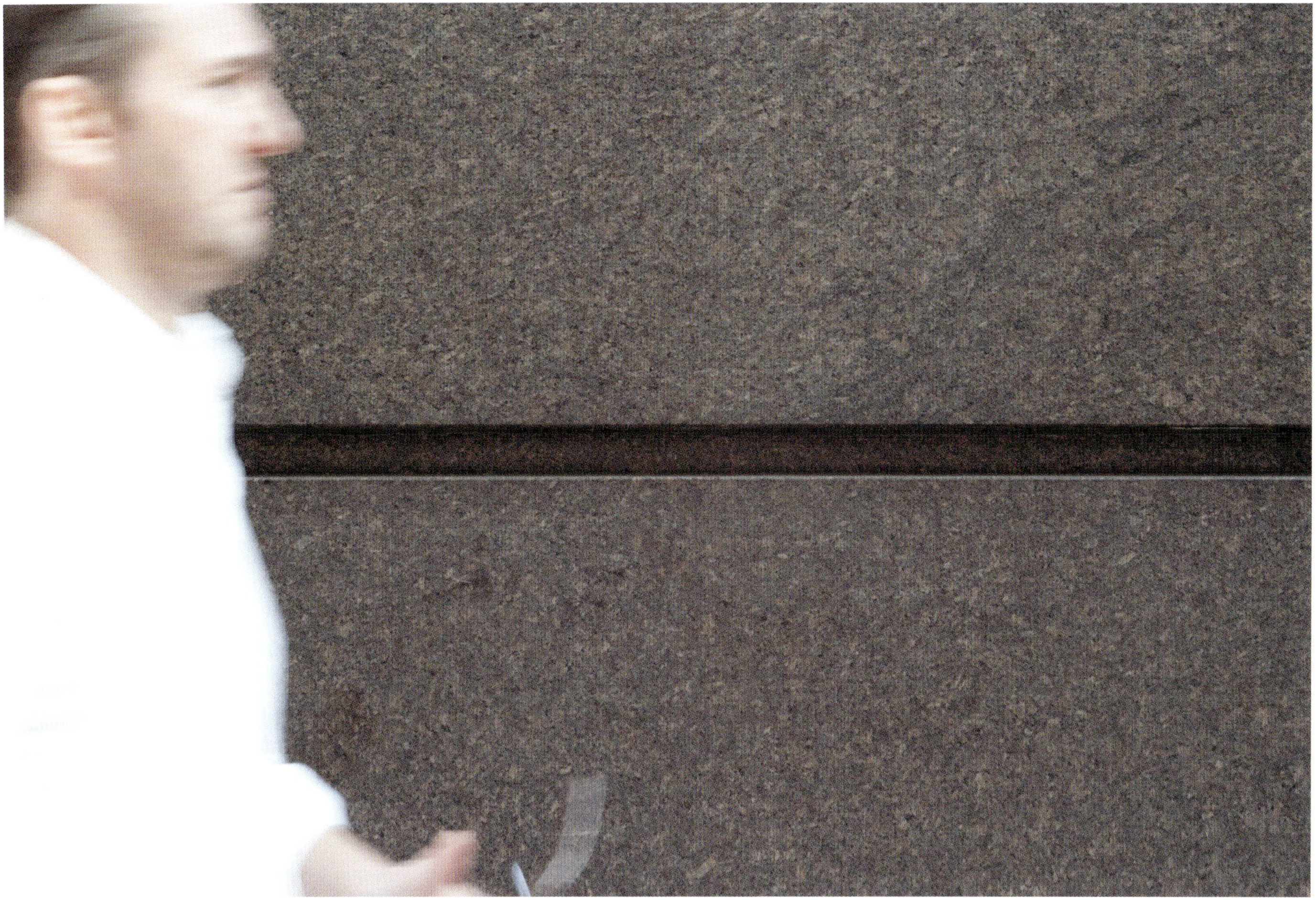

12 : 58 : 48

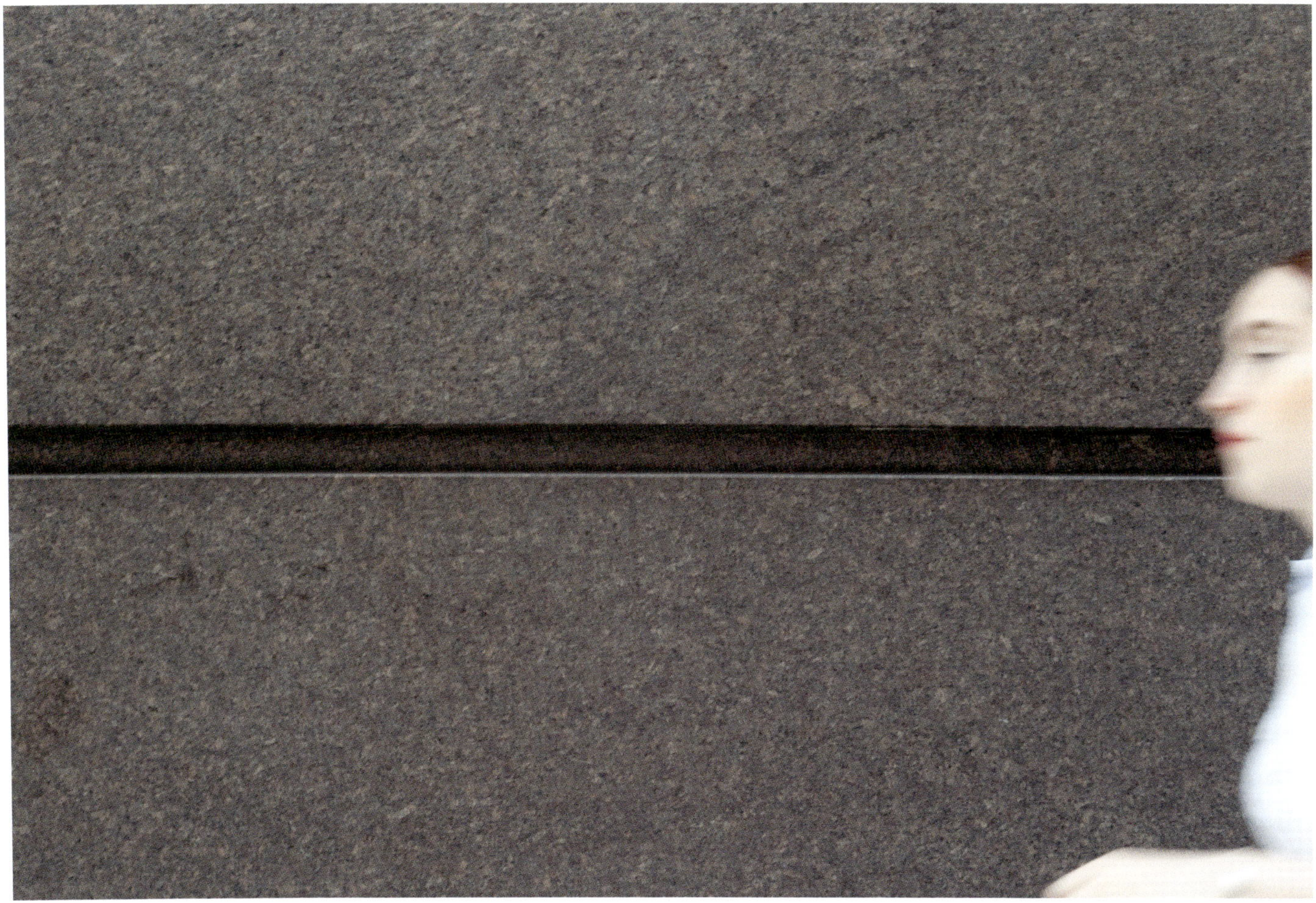

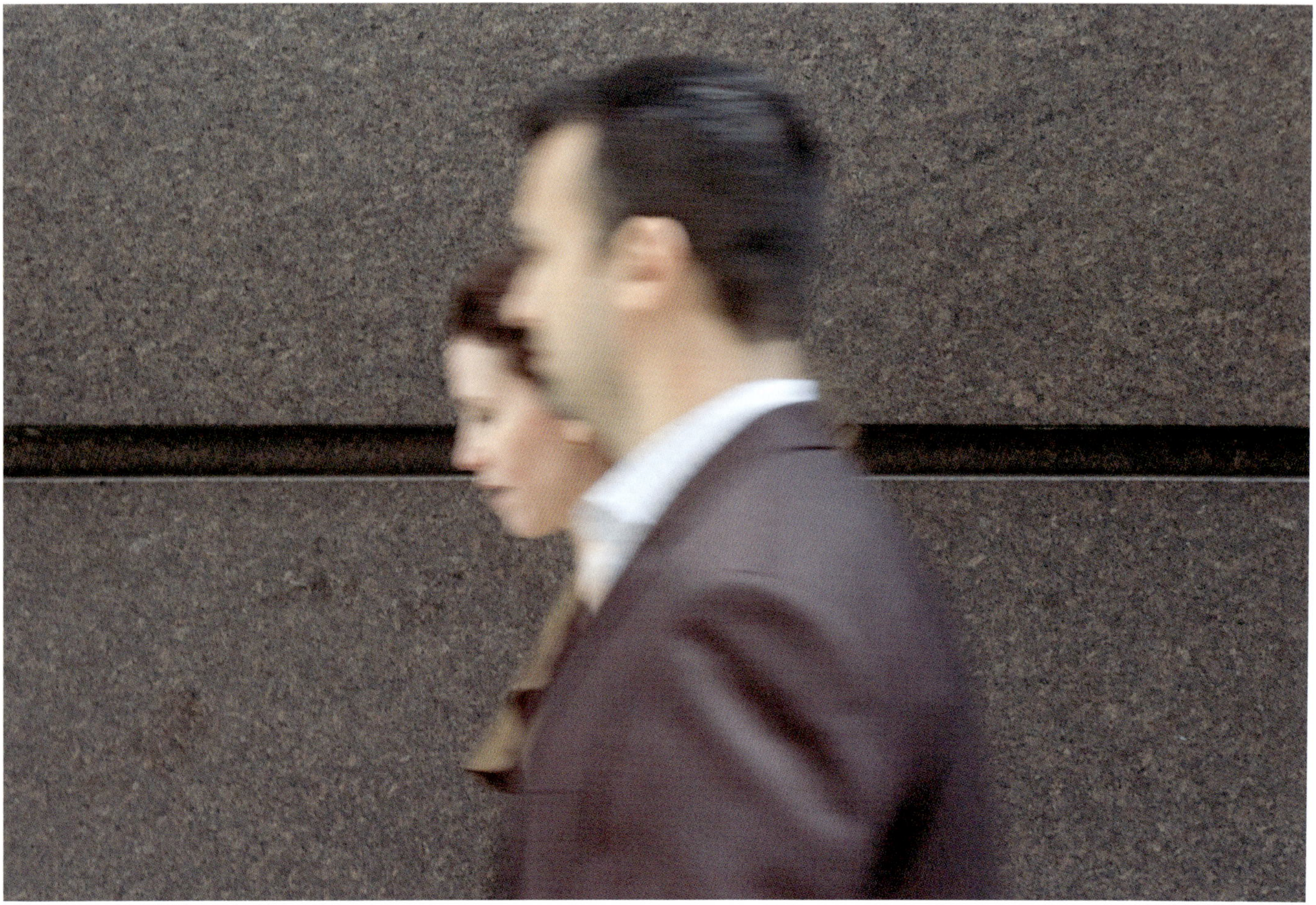

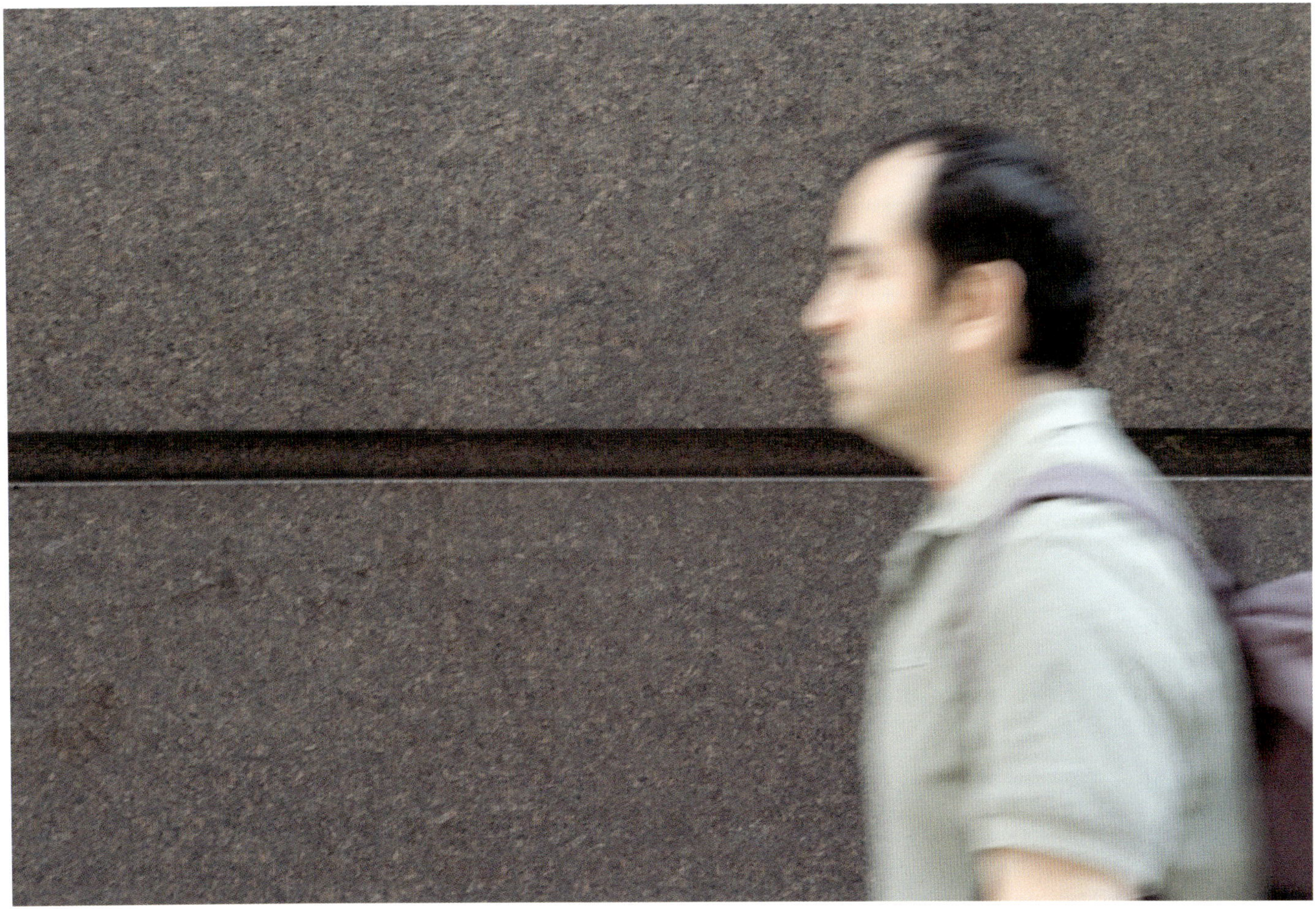

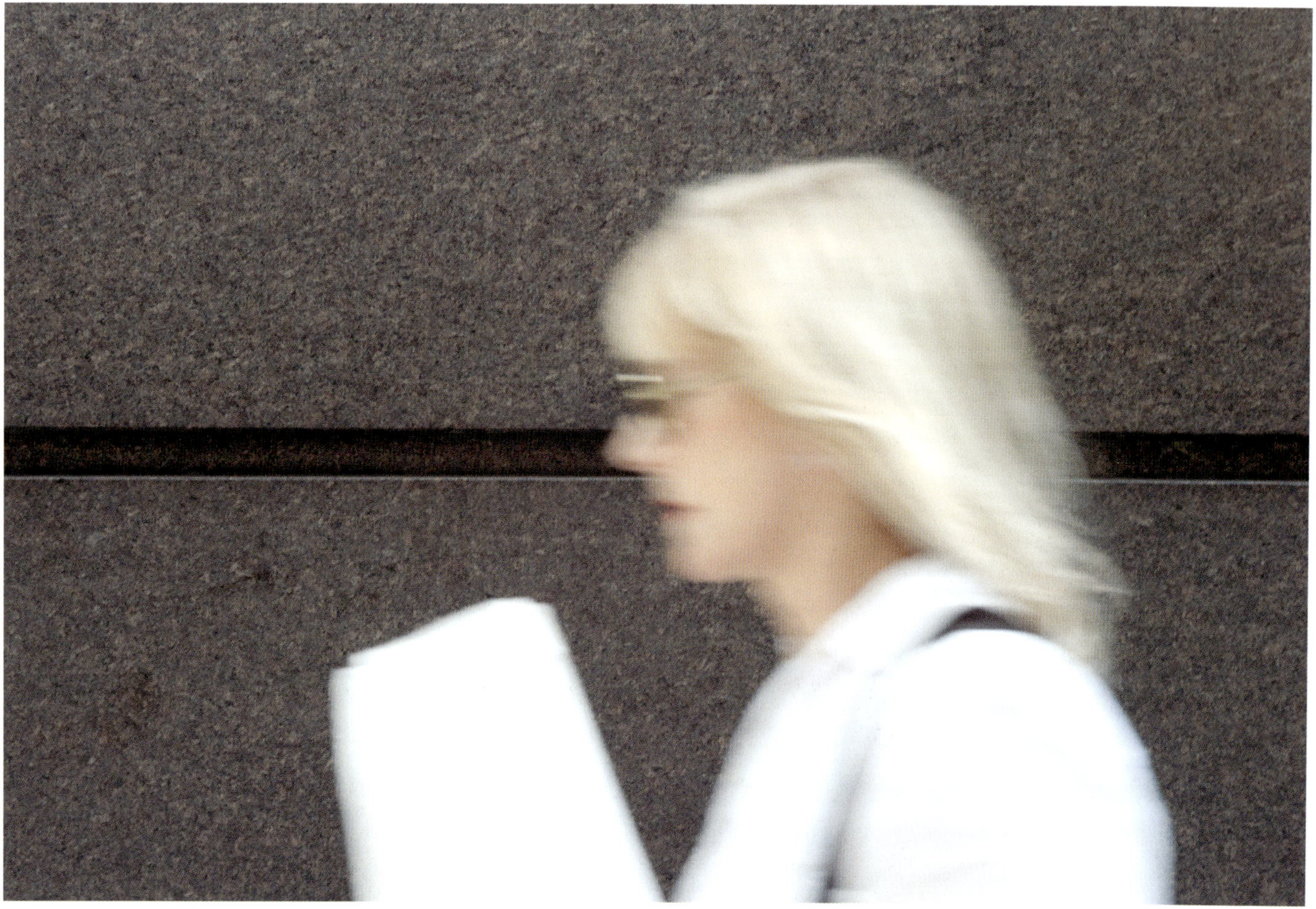

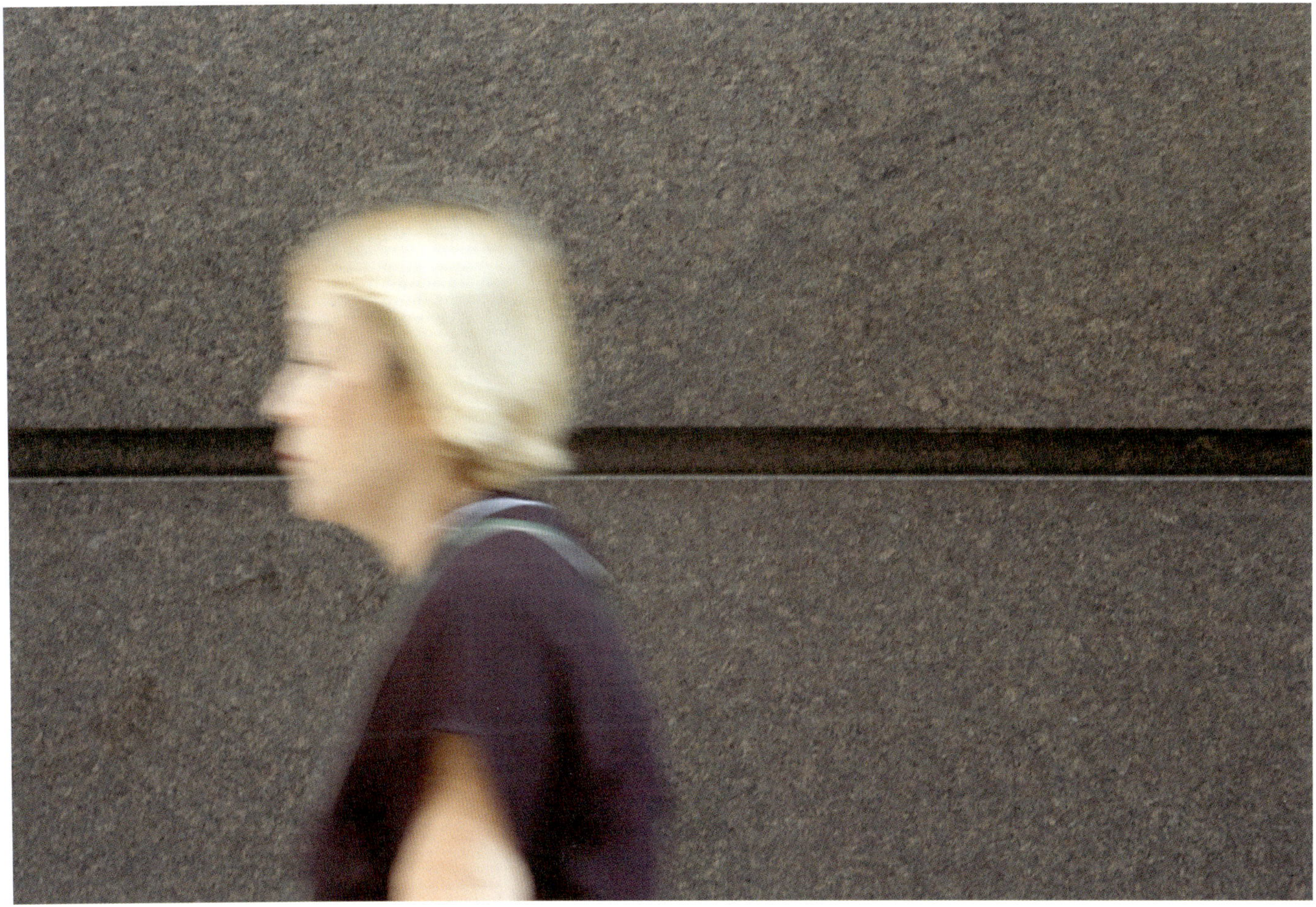

12 : 59 : 22

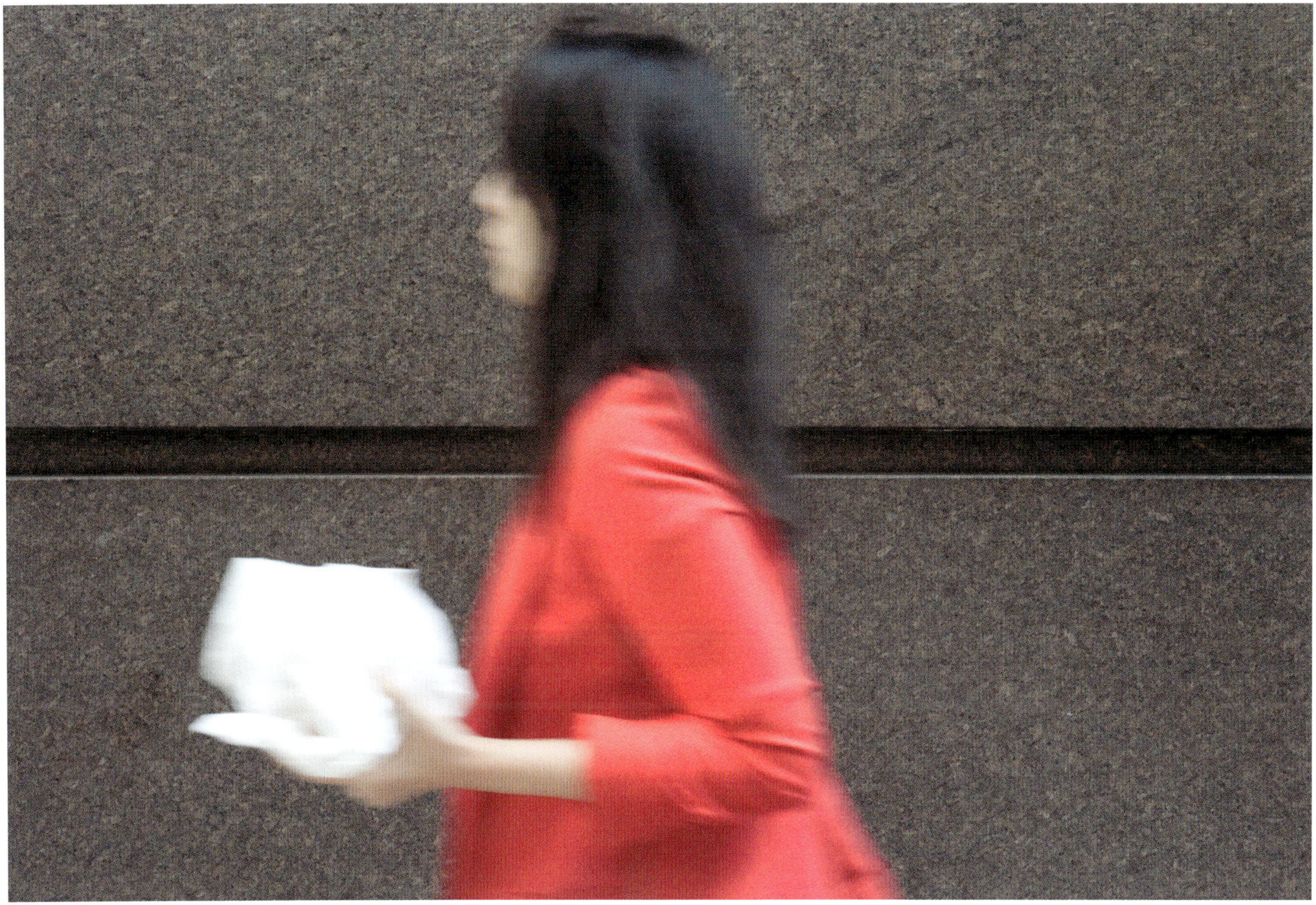

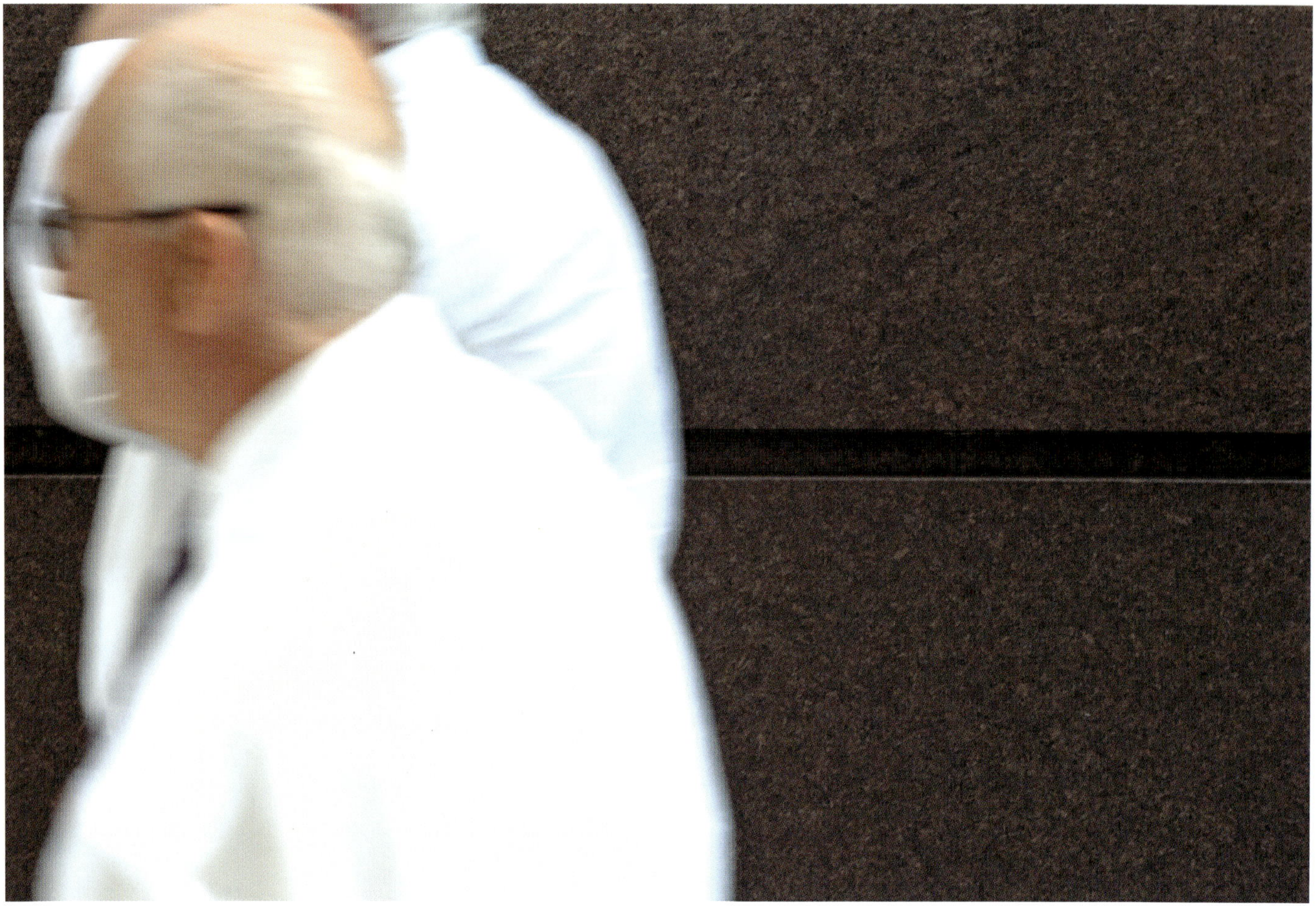

12 : 59 : 31

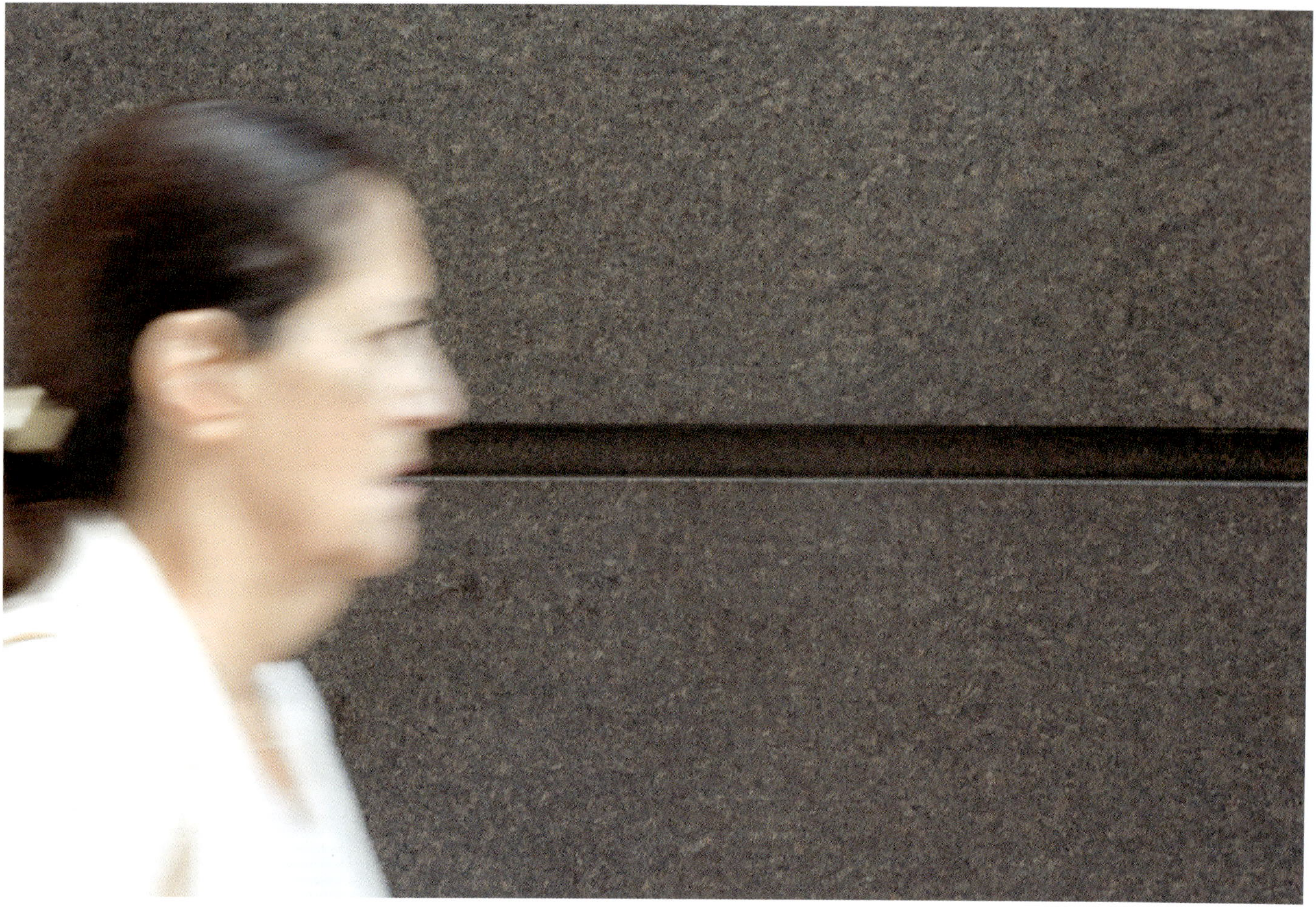

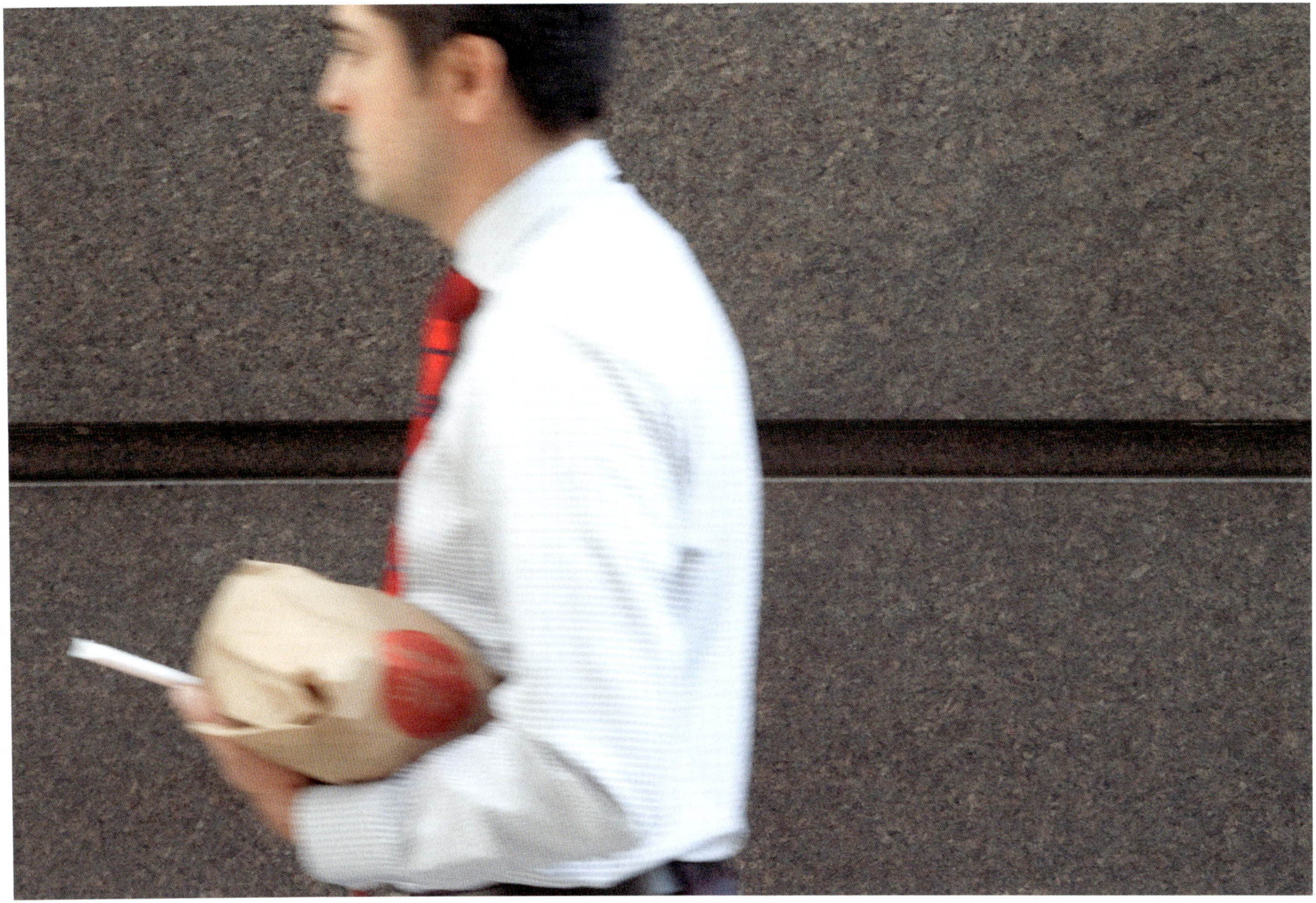

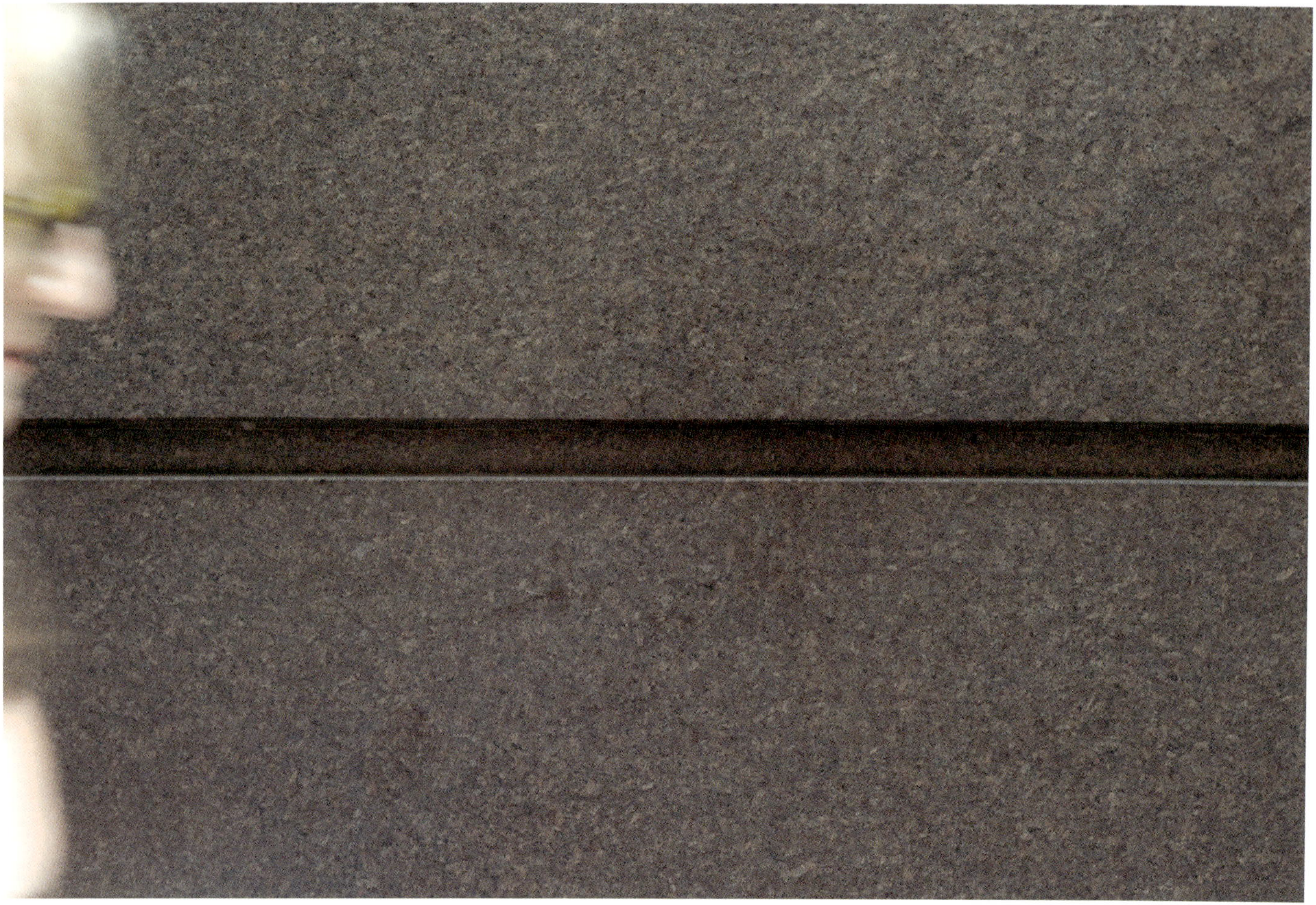

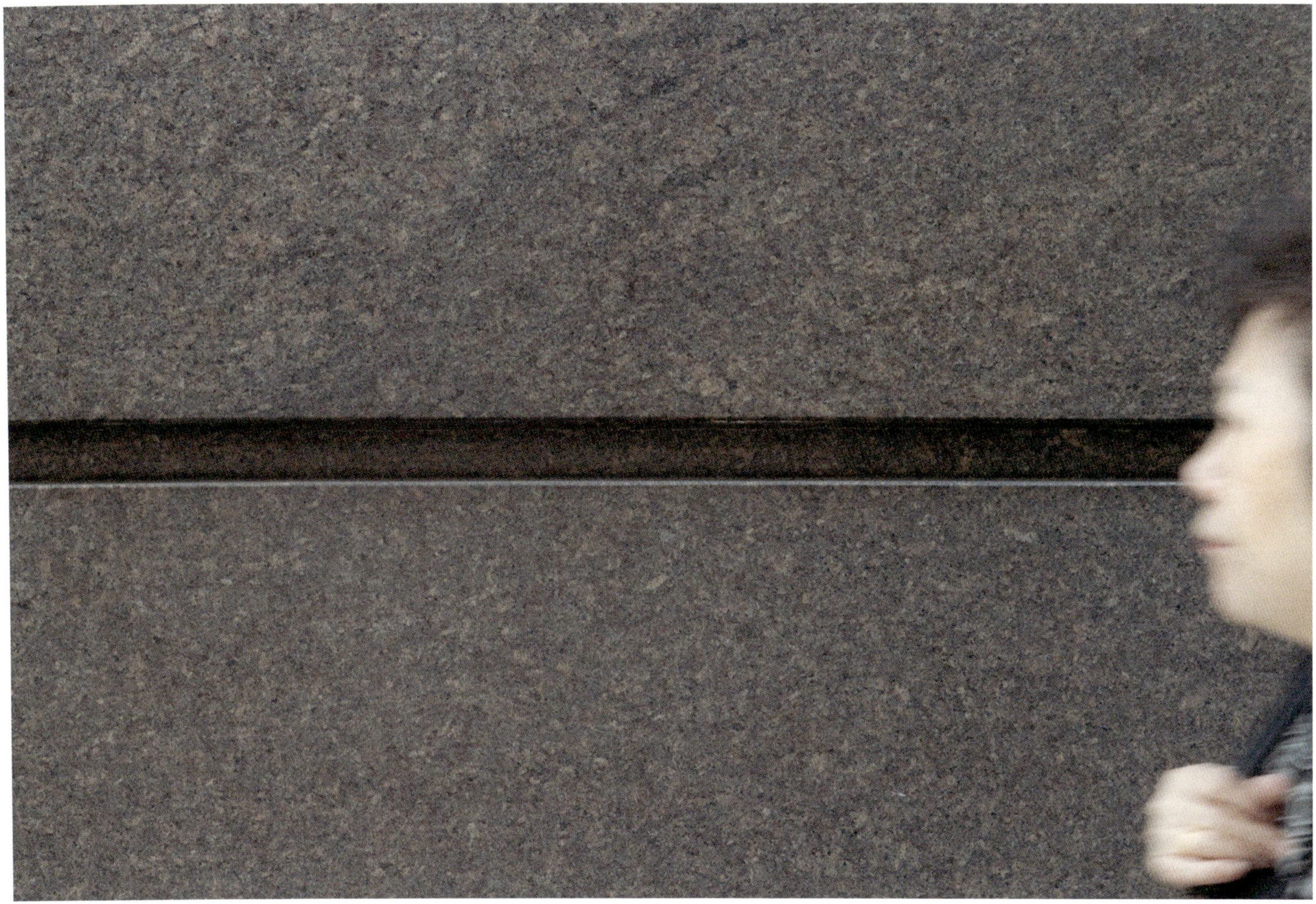

September 28, 2017 12 : 59 : 52

Le fotografie di questo libro sono state realizzate a New York tra le 12:44 e le 12:59 del 28 settembre 2017, sul marciapiede del 551 di Madison Avenue. Ho fotografato quasi tutte le persone che, in quei 15 minuti, sono passate velocemente tra me - che stavo a mezzo metro dal bordo del marciapiede - e l'edificio, tranne quelle passate mentre cambiavo la batteria della macchina fotografica.
Il libro raccoglie praticamente tutti gli scatti fatti, nella loro originale sequenza cronologica.

The photographs in this book were shot in New York on September 28, 2017, between 12:44 and 12:59 PM, on the sidewalk at 551 Madison Avenue. I photographed almost all of the people who had, in those 15 minutes, quickly passed by between the building and me - standing 2 feet away from the sidewalk - with the only exception being those persons who passed by while I was changing the camera battery.
The book collects practically all the shots I took, in their original chronological sequence.

Un grazie particolare a Francesca (FAM), per l'acuta lettura che ha fatto del mio lavoro nella sua introduzione a questo libro.
Grazie, per l'energia e la passione che mi hanno trasmesso, e i consigli che mi hanno fornito nel corso degli anni, a Letizia, Ron, Gian Paolo, wowe, Fabio, Andrea, Jacek, Alessia, Giancarlo, Pasquale, Settimio, Toni, Giovanni, Maki, Renato e Luciano.
Un grande grazie al mio editore Giovanni per aver creduto in questo progetto, e a Italo per averne curato la grafica.
Grazie e 3 baci, infine, a Susannah, per l'aiuto nella traduzione dall'italiano all'inglese.

A special thank you to Francesca (FAM), for her insightful reading of my work, done for this book's foreword.
Thanks, for the energy and the passion they transmitted to me and the suggestions they provided me throughout the years, to Letizia, Ron, Gian Paolo, wowe, Fabio, Andrea, Jacek, Alessia, Giancarlo, Pasquale, Settimio, Toni, Giovanni, Maki, Renato and Luciano.
A great thank you to my publisher Giovanni for having believed in this project, and to Italo for its graphic design.
Last but not least, thank you and 3 kisses to Susannah for her help in the translation from Italian to English.

551 Madison Avenue New York

Questa seconda edizione è stata stampata in 551 copie.

551 Madison Avenue New York

This second edition has been limited to 551 copies.

551 Madison Avenue New York
Seconda edizione/Second edition
Ottobre/October 2020
ISBN: 978-88-31403-03-0

Editore/Publisher
SIME BOOKS
www.simebooks.com
T. +39 0438 402581
Fotografie/Photographs
Alberto Damian
ad@albertodamian.com
Testo/Text
Francesca Alfano Miglietti (FAM)
Traduzione/Translation
Susannah H. Stewart
Post Produzione/Post Production
Diego Fedrigo
Grafica/Design
Italo Meneghini
Prestampa/Prepress
Fabio Mascanzoni

Stampato in Italia/Printed in Italy